文明的火种

世界各地域文明与古国

《中国大百科全书》青少年拓展阅读版编委会　编

中国大百科全书出版社

图书在版编目（CIP）数据

文明的火种·世界各地域文明与古国／《中国大百科全书》青少年拓展阅读版编委会编 . —北京：中国大百科全书出版社，2019.9

（中国大百科全书：青少年拓展阅读版）

ISBN 978-7-5202-0596-2

Ⅰ.①文… Ⅱ.①中… Ⅲ.①文化史—世界—青少年读物 Ⅳ.① K103-49

中国版本图书馆 CIP 数据核字（2019）第 208822 号

出 版 人	刘国辉
策划编辑	李默耘 程 园
责任编辑	李默耘
封面设计	WONDERLAND Book design 仙德 QQ:344581934
责任印制	李 鹏
出版发行	中国大百科全书出版社
地 址	北京阜成门北大街 17 号
邮 编	100037
网 址	http://www.ecph.com.cn
电 话	010-68341984
印 刷	蠡县天德印务有限公司
开 本	710 毫米 ×1000 毫米 1/16
字 数	84 千字
印 张	7
版 次	2019 年 9 月第 1 版
印 次	2020 年 1 月第 1 次印刷
定 价	32.00 元

本书如有印装质量问题，请与出版社联系调换

序

百科全书（encyclopedia）是概要介绍人类一切门类知识或某一门类知识的工具书。现代百科全书的编纂是西方启蒙运动的先声，但百科全书的现代定义实际上源自人类文明的早期发展方式：注重知识的分类归纳和扩展积累。对知识的分类归纳关乎人类如何认识所处身的世界，所谓"辨其品类""命之以名"，正是人类对日月星辰、草木鸟兽等万事万象基于自我理解的创造性认识，人类从而建立起对应于物质世界的意识世界。而对知识的扩展积累，则体现出在社会的不断发展中人类主体对信息广博性的不竭追求，以及现代科学观念对知识更为深入的秩序性建构。这种广博系统的知识体系，是一个国家和一个时代科学文化高度发展的标志。

中国古代类书众多，但现代意义上的百科全书事业开创于1978年，中国大百科全书出版社的成立即肇基于此。百科社在党中央、国务院的高度重视和支持下，于1993年出版了《中国大百科全书》（第一版）（74卷），这是中国第一套按学科分卷的大百科全书，结束了中国没有自己的百科全书的历史；2009年又推出了《中国大百科全书》（第二版）（32卷），这是中国第一部采用汉语拼音为序、与国际惯例接轨的现代综合性百科全书。两版百科全书用时三十年，先后共有三万多名各学科各领域最具代表性的专家学者参与其中。目前，中国大百科全书出版社继续致力于《中国大百科全书》（第三版）这一数字化时代新型百科全书的编纂工作，努力构建基于信息化技术和互联网，进行知识生产、分发和传播的国家大型公共知识服务平台。

从图书纸质媒介到公共知识平台，这一介质与观念的变化折射出知识在当代的流动性、开放性、分享性，而努力为普通人提供整全清晰的知识脉络和日常应用的资料检索之需，正愈加成为传统百科全书走出图书馆、服务不同层级阅读人群的现实要求与自我期待。

《〈中国大百科全书〉青少年拓展阅读版》正是在这样的期待中应运而生的。本套丛书依据《中国大百科全书》（第一版）及《中国大百科全书》（第二版）内容编选，在强调知识内容权威准确的同时力图实现服务的分众化，为青少年拓展阅读提供一套真正的校园版百科全书。丛书首先参照学校教育中的学科划分确定知识领域，然后在各类知识领域中梳理不同知识脉络作为分册依据，使各册的条目更紧密地结合学校

课程与考纲的设置，并侧重编选对于青少年来说更为基础性和实用性的条目。同时，在条目中插入便于理解的图片资料，增加阅读的丰富性与趣味性；封面装帧也尽量避免传统百科全书"高大上"的严肃面孔，设计更为青少年所喜爱的阅读风格，为百科知识向未来新人的分享与传递创造更多的条件。

百科全书是蔚为壮观、意义深远的国家知识工程，其不仅要体现当代中国学术积累的厚度与知识创新的前沿，更要做好为未来中国培育人才、启迪智慧、普及科学、传承文化、弘扬精神的工作。《〈中国大百科全书〉青少年拓展阅读版》愿做从百科全书大海中取水育苗的"知识搬运工"，为中国少年睿智卓识的迸发尽心竭力。

本书编委会

2019 年 9 月

目　录

梭鲁特文化

欧洲旧石器时代晚期文化。因最初发现于法国里昂附近的梭鲁特雷山洞而得名。该文化以高超的压制石器技术著称，达到欧洲旧石器时代晚期的顶峰。主要分布在法国中部，也分布于西班牙、比利时和英国。时代为晚更新世，属维尔姆冰期的最后阶段。晚于奥瑞纳文化，但可能是在莫斯特文化的影响下直接发展起来的。

梭鲁特文化的石器种类多样，有雕刻器、刮削器和石锥等，代表性器物是桂叶状或柳叶状尖状器，

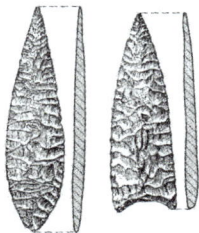

梭鲁特文化的尖状器

制作精致，器身很薄，有的甚至达到透明程度。石器加工技术有木棒打制石片及压制技术。骨器较贫乏，但后期出现带孔小骨针，说明人们已能缝制皮衣。这一时期的艺术品很多，有手镯、串珠项圈、垂饰、骨饰针等，还有浅浮雕及绘在石饰板和洞穴石壁上的图画。石料也都选择美观的，如彩色石英、碧玉及丰富多彩的燧石等。与梭鲁特文化共存的动物化石有猛犸象、驯鹿、熊、马等，属寒系动物，说明当时的气候与奥瑞纳时一样，比较寒冷。

马格德林文化

欧洲旧石器时代晚期文化。最初发现于法国西南部多尔多涅河流域蒂尔萨克附近的拉马德莱纳岩棚中，主要分布在法国、比利时、瑞

士、德国和西班牙。该文化虽晚于梭鲁特文化，但并不是梭鲁特文化的继承者，而可能来源于奥瑞纳文化；后来逐渐被属于中石器时代细石器的阿齐尔文化所代替。时代为晚更新世之末，属维尔姆冰期末期。和马格德林文化遗物伴出的人类化石，是属于晚期智人的尚塞拉德人。

马格德林文化的石器，包括嵌入骨柄或鹿角柄中使用的小巧的几何形石器，以及雕刻器、刮削器、石钻和琢背石刀等，还有带肩的和钝边叶形的投掷尖状器。使用的骨器制作精细，有矛头、鱼叉、带孔的针和饰物等。马格德林时期，食物丰盛，有着大群的驯鹿、野马和野牛。人们过着半定居式生活，用

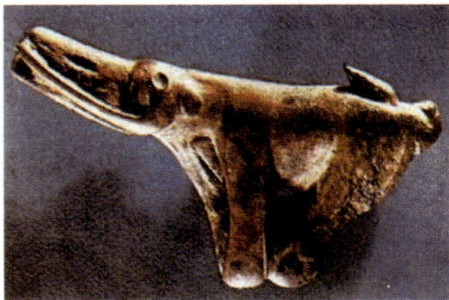

马格德林文化猛犸雕像

梭镖、罗网以及陷阱猎取动物，冬居洞穴、岩棚或其他坚固住所，夏季则住帐篷。艺术品和饰物数量大增，表明由于生产的发展和自然条件的优越，人们有了一定的闲暇时间。居住在法国河边村落的人群，已由梭鲁特文化时的 1.5 万人增至 5 万人。该文化拥有优秀的艺术品。小件艺术品在这一时期达到了一个新的高峰，表现在细致的雕刻片和立体雕像上，也常常在一件作品上雕刻出两个或更多的动物形象。而其最杰出的成就，则是晚期的洞穴雕刻和彩色壁画。原始艺术家们着力于形象本身的描绘，巧妙地展示出姿势以及复杂的构图。西班牙北部的阿尔塔米拉洞穴中，即保存有当时绘画的部分珍品，被认为是旧石器时代人类的艺术杰作。

有人将马格德林文化分为三期：①早期有原始的鱼叉，基部分叉或斜形的尖头器，用骨头、石头或鹿角制作的动物雕像，刻画在投矛器上的浮雕以及厚背石刀、鹦鹉嘴状雕刻器等。②中期有相当多的

单排倒刺鱼叉、投矛器、双斜的尖头器等，在形式上都较早期为好。③晚期有鹦鹉嘴状细尖雕刻器、端刮器、似箭镞尖状器、细把尖头器和双排倒刺鱼叉等。与该文化伴出的动物化石有猛犸象、驯鹿、披毛犀、狐狸等，属寒系动物，说明当时仍处于寒冷时期。

爱琴文明

欧洲青铜时代文化，分布于爱琴海克里特岛及其周围地区以及希腊大陆。年代为公元前 3500—前 1100 年。依地区分为：克里特岛的米诺斯文明、希腊半岛的迈锡尼文明和爱琴海诸岛的基克拉泽斯文明。约在公元前 3500—前 2600 年，爱琴各地先后进入青铜时代，并在欧洲率先进入文明时代，其中爱琴诸岛最早，约自公元前 3500 年

开始；克里特岛次之，约自公元前 3000 年开始；希腊半岛最晚，约自公元前 2600 年左右开始。爱琴地区进入铁器时代后，欧洲其他地区才进入文明。

19 世纪 70 年代，德国考古学者 H. 谢里曼在希腊和小亚细亚的发掘、20 世纪初英国考古学者 A. 伊文斯在克里特岛的发掘，发现城市、宫殿、住宅、陵墓和城堡等遗址，极大地推动了世界对爱琴文明的研究。

玛雅文明

中美洲古代印第安文明的代表性文化，得名于创造这一文明的玛雅人，主要分布在今墨西哥、危地马拉、伯利兹、洪都拉斯、萨尔瓦多等中美洲国家。玛雅文明分前古典期（公元前 2500—公元 250）、

古典期（约 250—900）和后古典期（900—1520），其中古典期是玛雅文明的繁盛时期。1520 年后，西班牙人征服墨西哥，玛雅文明被彻底摧毁。

研究简史 18 世纪末，玛雅文明开始引起学者的注意。19 世纪下半叶，美国学者开始调查和发掘玛雅文化古代遗址。20 世纪，墨西哥政府开始大力推进玛雅文明的发掘与研究，同时美国学术机构继续推进玛雅文明的研究计划。20 世纪 50 年代以来，玛雅文明的各处礼仪中心得到大规模的田野发掘，玛雅象形文字的释读取得进展，形成专门的玛雅学，玛雅考古成为世界考古学的重要领域。

玛雅遗址中著名的礼仪中心有蒂卡尔、科潘、奇琴伊察、玛雅潘、帕伦克、基里瓜、亚克齐兰等著名遗址。这些礼仪中心是玛雅文化的祭祀和行政管理中心，城内往往有金字塔式台庙、宫殿、官署等建筑，其中著名的建筑如蒂卡尔 4 号神庙、奇琴伊察的战士神庙等。

这些建筑的表面往往用石块铺砌，石块上刻有象形文字或各种精美浮雕。近年来的考古发掘表明，玛雅文明的金字塔式神庙实际上也是王陵，有的金字塔式神庙往往还是前后不同时期的几个王陵层层垒砌而成的。

经济生活 玛雅文明基本上属新石器时代，黄金和铜在古典期之末才开始使用，一直不知用铁。居民以农业为生，善于利用山坡修梯田、沼泽地筑台田以抗旱涝。食物来源主要是种植、采集和渔猎。种植的方式主要是刀耕火种，作物以玉米、豆类和块茎类植物为主，多采集"面包果树"的果实；动物性食物来源主要是鹿、螺蛳、蜗牛以及可能驯化的狗。体质人类学的研究表明，前古典期玛雅人的体格较古典期和后古典期要高大、强壮。有人认为，人口的增长造成食物资源日益紧张，并最终导致玛雅文明一定程度上的衰落。手工制品有各种陶器、棉纺织品等。不同村落和地区间有贸易交换关系。

社会组织　古典期的玛雅文明社会为金字塔式结构，作为统治阶层的王权处于金字塔的上层，其次是贵族和祭司，农民则处于金字塔的底层。上层统治者往往在礼仪中心的核心地带建造宏伟的金字塔式神庙作为自己的陵墓。近年来，随着玛雅文字释读成果的面世，一些礼仪中心如蒂卡尔、科潘等遗址的王权世袭已经日益明朗，人们甚至可以获知王者的名字和在位时间。

宗教信仰与习俗　对玛雅人宗教信仰和社会习俗的了解主要是依据象形文字碑铭和有限的传世文献——马德里抄本、巴黎抄本、德累斯顿抄本。在玛雅人的精神世界里，天、地、日、月、风、雨乃至作物都被赋予了神的力量。玛雅诸神中，人们最为尊崇的是伊特兹亚姆·纳神，太阳神、月亮神、雨神也是崇祀的对象。此外，祭祀祖先也是玛雅人祭祀活动的重要内容。

石雕人物胸像

科学与艺术　玛雅人在数学、天文历法和文字方面有卓越成就。他们使用二十进位制，并且使用"零"的概念，比欧洲人早 800 余年。玛雅人通过对金星和太阳的运行时间的观测，创立了精确的圣年历（1 年 260 天）和太阳历（1 年 365 天）两种纪年方法。每天都记两历日月名称，每 52 年一轮回，精确度超过同时代希腊、罗马所用历法。此外，玛雅人还使用一种"长期记日制度"来作为纪年。近年来的研究成果表明，这种纪年方法可以与旧大陆的公元纪年方法对应、换算，从而解决了玛雅文明的年代学问题。图画式的象形文字是玛雅文明的杰出成果，一般刻在石建筑如祭台、梯道、石碑等之上。20世纪70年代以来，象形文字碑铭的释读取得长足进展，对研究玛雅文明的纪年、王系、宗教信仰有重要意义。当时还用树皮纸和鹿皮写书，内容主要是历史、科学和仪典。

玛雅人的建筑工程达到很高的水平，其金字塔以碎石和泥土堆成，外铺石板或泥砖，设有石砌梯道通往塔顶庙宇，其雕刻、彩陶、壁画等皆有很高的艺术价值，著名

与膜拜太阳有关的圆盘（由木材、绿松石、贝壳、黄铁矿制成）

的博南帕克壁画表现贵族仪仗、战争与凯旋等，人物形象千姿百态，栩栩如生，是世界壁画艺术的宝藏之一。

印度河文明

南亚次大陆青铜时代文化，因以印度河流域为中心，故名。因主要城市遗址哈拉帕而又称"哈拉帕文化"。存在年代约为公元前2350—前1750年。印度河流域文明的范围很广，西起苏特克根·多尔，东达阿拉姆吉尔普尔，北起罗帕尔，南至巴格特拉尔。东西长约1550千米，南北宽约1100千米，总面积约130万平方千米。

在哈拉帕文化之前，印度河流域已发现有大量前哈拉帕文化遗存，是由农村向城市生活过渡时代的文化，已出现铜器。在其城市遗

址中，摩亨佐达罗与哈拉帕的发掘规模最大，居第二位的有昌胡·达罗、卡利班甘、科特·迪吉、洛塔尔、兰格普尔、苏特卡根·多尔和索特卡·科赫等。此外，还有小规模的村镇遗址 250 余处。摩亨佐达罗位于今巴基斯坦信德省的拉尔卡纳县，靠近印度河西岸，于 1922 年开始发掘。哈拉帕遗址位于今巴基斯坦旁遮普地区拉维河东岸，于 1921 年开始发掘。这两座城市的总面积各为 85 万平方米。居民总数各约为 3.5 万人。两城相距约 644 千米，可能是两个独立国家的都城，或为两个城邦联盟的中心。两座城市均由卫城和下城（居民区）两部分组成。哈拉帕卫城围以雄伟的砖墙，卫城北有一座大谷仓。摩亨佐达罗的城市建筑遗址保存较好，是印度河流域文明的典型城市。其卫城四周有御敌塔楼；卫城的中心建筑物是一个大浴池，面积 12.5×7 平方米，深 2.5 米。发掘者认为，该浴池多半用于履行某种宗教仪式。在浴池的东北有一组建筑群，其中有一座大厅，可能是这一地区最高首脑的官邸；浴池的西面有一个作为大谷仓的平台。卫城南部另有一组建筑物，其中心是一座约 25 平方米见方的会议厅。下城为居民区，街道整齐，宽且直。城市的房屋用烧砖建成。房屋的大小、高低和设施差别很大，有十几间的楼房，有简陋的茅舍，可见阶级分化已很明显。在富人区有用烧砖砌成的完善的下水系统，显示出印度河流域文明城市设计的高超水平。

当时人们已经能够制造铜和青铜质工具与武器。铜器的使用较青铜器更为普遍，石器也还没有完全被排除。这一时期居民的主要生产活动是农业。已发现的农具有类似长斧或宽凿的燧石犁头、青铜质鹤嘴锄与镰刀等。耕畜有水牛和犋牛。种植的作物有大麦、小麦、稻、胡麻、豆类以及棉花等。金属的冶炼、锻造和焊接都已有较高的技术水平，制陶业和纺织业均很发达。商业贸易不仅在本地区进行，

而且与西亚也有密切来往。由于未发现帝王权力的标志物，因此估计当时实行共和政治。

印度河流域文明的文字主要保存在天青石、陶土、象牙或铜质印章上。印章上文字和雕刻图案结合，多为单行，由右而左，每枚印章上有至多不超过 20 个符号。其中可见文字符号总计 419 个，基本符号 62 个；出土的后期印章文字已经简化，基本符号只有 22 个。

按过去的说法，印度河流域文明的创造者主要是原始达罗毗荼人，此外可能还有原始澳语人等。近来由于印章文字按印欧语系解读的进展，有些学者认为印度河文明的创造者是印度—雅利安人。

印度河流域文明大约从公元前 1750 年起逐渐衰落。有些地区如摩亨佐达罗遭到巨大的破坏；有些地区出现不同类型的陶器和其他物质文化，即所谓朱卡尔文化（后哈

摩亨佐达罗浴池遗迹

拉帕文化）。近几十年的研究发现，在印度河流域衰落之后至吠陀文化之间曾产生过晚期哈拉帕文化，它是一种以四大类陶器为代表的地区性多样化文化：粗陶文化、红陶文化、赭陶文化和 H 墓地陶文化。H 墓地陶文化中的外来因素表玥，这里出现过外来移民及其文化的融合。关于印度河文明衰毁的原因，较有影响的说法有二：一是外族入侵说，一是用地质学和生态学的因素解释。

古巴比伦时代

古代两河流域历史时代。始于伊新－拉尔萨时期（约公元前2017—前1763），至古巴比伦第一王朝（约公元前1894—前1595）结束。公元前16世纪初，为赫梯人所灭，统治者为阿摩利人。

前21世纪下半叶，属于塞姆语系的阿摩利人在两河流域冲积平原西北部地区兴起，不断威胁乌尔第三王朝边境。乌尔第三王朝灭亡后，阿摩利人在苏美尔地区建立多个以城市为中心的国家，其中以伊新和拉尔萨最为强大，二者对峙达200余年，史称伊新－拉尔萨时期。在国家统治中，伊新和拉尔萨的统治者借鉴不同文化，伊新统治者以苏美尔文明的继承者自居，保存和编纂了大量苏美尔古典文献，发展了苏美尔文明。拉尔萨统治者则保持着塞姆人的文化特点，更多地表现出游牧民族的原始特点。伊新－拉尔萨时期，古代两河流域地区上、中游还出现了许多国家，如马瑞、埃什努那、乌鲁克、阿苏尔等。

前19世纪初，阿摩利人的一支在巴比伦城建立国家，称巴比伦第一王朝。第6代国王汉穆拉比（约公元前1792—前1750年在位）开创了古巴比伦王朝统治的黄金时代。汉穆拉比在位的前20年，巩

固国内统治，建立了高度中央集权的专制国家。前1762年，汉穆拉比宣布"建立了苏美尔和阿卡德的基础"，标志着巴比伦国家突破了城邦统治模式，成为一个有广阔疆域的、多民族的王国，也正式开始对外征服。汉穆拉比的征服扩张始于其在位第30年（公元前1762），先后征服了伊新、乌尔、乌鲁克、尼普尔和拉尔萨诸城。公元前1761年，征服埃什努那，打开了通往底亚拉河流域的要道，使两河流域与伊朗高原的贸易通道重新畅通。公元前1760年，征服战争达到顶点，汉穆拉比征服马瑞，几乎整个两河流域地区都处于巴比伦控制下。公元前1755年，古巴比伦王国成为当时这一地区最强大的、拥有最广阔领土的国家。汉穆拉比在长时间的征服战争中，延续了之前各国结盟的传统，采取合纵连横、各个击破的策略。这种外交政策在以后的几百年中成为整个古代近东地区通用的外交惯例。

汉穆拉比统治晚年，颁布了《汉穆拉比法典》，这是迄今保存下来的最完整的成文法典。法典宣扬了君权神授、王的至高权力，也详细描述了古巴比伦社会状况，是重要的历史文献。

汉穆拉比逝世后，古巴比伦国家迅速衰落。在先后5位巴比伦王的统治过程中，远方国家迅速独立，国家疆域迅速缩小，王室收入急剧下降。汉穆拉比的继承者沦为依靠地方富裕势力的有名无实的领袖。在边境地区，未定居的游牧民族阿摩利人不断骚扰边境；同时，在幼发拉底河和底格里斯河中上游地区，新的游牧民族胡利安人出现，并且对古巴比伦王朝的边境构成越来越大的威胁；另外一支游牧民族加喜特人也成为边境地区的重要隐患。同时，在安纳托利亚地区，赫梯人建立的王国不断扩张，公元前1595年，赫梯人长驱直入巴比伦城，古巴比伦王国被赫梯王穆尔西里一世灭亡。

古巴比伦人继承和发展了苏美尔文明，为古代两河流域文明的发展作出重要贡献，巴比伦文明开始取代苏美尔文明的地位成为古代两河流域文明的重要组成部分。巴比伦城也成为新的政治、经济、文化首都，并逐渐成为宗教中心。在古巴比伦时期，科学技术进一步发展，在数学、医学等领域取得重要成就。

安德罗诺沃文化

俄罗斯境内青铜时代文化，分布地域西起南乌拉尔，东到叶尼塞河沿岸，北起西伯利亚森林南界，南达中亚诸草原。年代约为公元前2000年至前1000年初。20世纪20年代，苏联考古学家 C.A. 捷普劳霍夫根据最初在阿钦斯克附近安德罗诺沃村旁发掘的墓地定名。在南西伯利亚，该文化晚于奥库涅夫文化，早于卡拉苏克文化；在中亚和南乌拉尔，晚于当地的铜石并用时代文化，早于塔扎巴格亚布等青铜时代文化和萨尔马泰文化等早期铁器时代文化。有的研究者将该文化分为3期：早期为公元前18—前16世纪；中期为公元前15—前12世纪；晚期为公元前12—前8世纪。在外乌拉尔和哈萨克斯坦，3期都有发现，而鄂毕河、叶尼塞河沿岸的遗存，则属早期之末和中期之初。

经济 该文化居民主要经营定居的畜牧和锄耕农业，发现有牛、马、羊等家畜的骨骼和炭化的麦粒，以及青铜镰刀和砍刀、石锄、石磨盘和石磨棒等农具。根据西部地区出土的骨镳判断，马在中期已用于乘骑。晚期开始形成半游牧经济，推测当时已有缝制衣服靴帽的皮革业和毛织业。

陶器为手制，平底，主要器类是大口圆腹小底的罐形器和直壁微鼓腹的缸形器，叶尼塞河和鄂毕河沿岸还有方口陶罐。纹饰多为篦形器压出的杉针纹、三角纹、之字纹、锯齿纹、折线几何纹，也有用小棒端头押捺的圆形、椭圆形或三角形印纹，晚期出现附加堆纹。罐形器纹饰比较繁缛，用弦纹将器表分为唇、颈、肩及近底部等若干区，各区纹饰有一定组合规律。缸形器常饰杉针纹，比较简单。

金属冶炼得到进一步发展。发现采铜遗址，有矿坑和露天矿场两种。有些矿坑在侧壁掘有水平坑道。除铜矿外，也发现有锡矿、金矿遗址。人们在矿场进行碎矿、选矿后，将矿石运回居住区进行冶炼和铸造。在遗址里，矿石、炼渣、冶炼工具及青铜制品常有发现，有的合范可同时铸出6把刀和1把凿。金的加工技术与红铜相似。金属制品有青铜锻造或铸造的武器、工具和其他日用器具，如斧、矛、镞、刀、短剑、锛、凿、锯、镐、鱼钩、锥、针以及铜箍，也有青铜串珠和饰牌，红铜和金、银的耳环、鬓环等饰物。

居住、埋葬与社会形态 外乌拉尔地区的村落一般位于河流下游沿岸，面积1万平方米以上。村内建10～20座圆形或长方形半地穴式房屋。以晚期的阿列克谢耶夫卡遗址为例，这里有长方形房屋12座，面积均不超过250平方米，中间有隔墙。房内发现贮藏窖、炊用的泥灶和取暖的石灶。除半地穴式房屋外，也有平地起建的茅舍。

墓葬多有不高的土冢。冢周多有石板圆形围垣，直径为5～33米不等，有些围垣互相衔接成网状。墓内一般有一个长方形墓穴，少有超过两个的。穴深1～3米不等，内多置木椁或石棺。儿童墓或在成人墓旁边，或另埋一处，结构基本与成人墓相同，唯尺寸较小。早期主要是火葬，中期开始多土葬，儿童则一律土葬，葬式为侧身屈肢，头一般向西或西南。随葬品不多，有陶器、饰物以及青铜和木骨制品。有的墓规模较大，随葬有大量金器。广泛流行男女合葬，女子葬于男子身后。出现了成人埋在主围垣内，附垣内葬儿童的家庭合葬，但为数不多。单独的儿童墓地，说明氏族内对儿童的关怀，氏族生活仍起着重要作用。墓葬的分化情况表明，与经济的发展相适应，社会已出现贫富差别，进入父权制氏族阶段。

居民种属与文化联系 人骨资料表明，安德罗诺沃文化的居民属欧罗巴人种的一个特殊类型，定名为"安德罗诺沃类型"。该文化在西部地区与木椁墓文化有密切联系。两种文化的遗迹在南乌拉尔交错分布。前者的文化因素往西渗入，迄于伏尔加河沿岸；后者的文化成分往东可到托博尔河。这种融合现象在安德罗诺沃文化中期表现得尤其明显，推测中期文化的形成当有木椁墓文化居民参与。在东部地区，安德罗诺沃文化与西伯利亚森林地带居民亦有较密切的文化联系。

存在的问题 该文化目前还有一系列问题未解决。例如分布地域的界线、文化分期、断代、各地方性文化或类型的主要特点及与前接后续文化和周围文化的关系等。关于起源问题，比较有力的一说认为该文化形成于西部地区，特别是北哈萨克斯坦和外乌拉尔一带值得注意。不过这个问题的解决，也还有赖于弄清该文化分布地区内各前驱文化的面貌。

卡拉苏克文化

俄罗斯境内青铜时代晚期文化，主要分布于南西伯利亚、鄂毕河上游和哈萨克斯坦。年代约为公元前 2000 年末至前 1000 年初，晚于安德罗诺沃文化，早于塔加尔文化。20 世纪 20 年代由苏联考古学家 C.A. 捷普劳霍夫首次在卡拉苏克河畔巴捷尼村附近发掘该文化墓地，并划定为南西伯利亚青铜时代文化的卡拉苏克期，后改称"卡拉苏克文化"。一般将该文化分为早晚两期，即公元前 13—前 11 世纪

的卡拉苏克期和公元前 10—前 8 世纪的石峡期。

遗迹和遗物　主要遗迹是墓地。每一墓地包括几十座甚至上百座墓。早期墓葬地表多用石板构成方形围墙，少数用小石块砌成圆形围墙，围墙往往彼此衔接成网状。墓穴为土圹或石箱，多单人葬，也有男女合葬和成年人与儿童合葬。葬式多为仰身直肢，也有屈肢，一般头向东北。以陶器、青铜器和祭肉随葬。陶器为手制，胎土中大量掺砂，有的施加陶衣，外表呈灰褐色。器作球形，圜底或平底，常施之字形、菱形、等腰三角形或折线几何形印纹，有的加填白彩。青铜器中最具代表性的是弯刀，刀柄首作环形、蘑菇形或兽头形。另有背面间或带环钮的六棱形铜锛。饰物有蹼形垂饰、鬓环、筒形穿饰、双联或三联饰牌、薄壁手镯、戒指、铜镜及圆柱形石珠等。

晚期发现了居住遗址，卡拉苏克河畔的石峡遗址发现 8 座长方形半地穴式居址，面积为 150～160

平方米，有斜坡门道，居住面中间有一排灶址。墓葬的围墙均以石板围成长方形，几乎不见早期那种围墙彼此衔接的现象。基本为土圹墓穴，一般为仰身直肢。陶器主要是大口、直唇、深腹的圜底罐，也有蛋形器和圈足器。常见的纹饰为饰于器身上部的斜划纹、弦纹等。青铜器最具代表性的是曲柄刀和凹格短剑。饰物中出现了有点纹的三角形饰牌、双突戒指和粗厚手镯。

还有一类遗存是石刻，系一种剑形的尖头石碑，一般立于墓葬附近。碑的前棱下部刻有兽角兽耳的人面形象，少数是人面浮雕。一部分刻出女性特征，其余则为男像。推测这些石刻是神像或祖先形象。

经济生活和社会形态　经济以畜牧业为主，出土的畜骨说明主要饲养绵羊，次为牛、马。马被用作交通工具，发现带有骨镳的原始笼头。铜镰、石磨盘和兽骨资料表明，居民也从事农业和狩猎。手工业有制陶、采铜、冶铸、纺织、制革等项。居民过半游牧生活，春播之后将畜群赶到夏季牧场，住轻便可迁的房屋，秋天返回原地秋收过冬，居住半地穴式房屋。推测当时处于由母系氏族向父系氏族过渡的阶段。男子与女子或小孩合葬及碑刻男像，反映了氏族中男性地位的加强。从随葬品推知，氏族成员之间尚无明显的贫富不均现象。

文化联系、起源和人种类型 该文化的弯刀、短剑、锛、弓形器、饰物等青铜器及其动物纹饰，与外贝加尔、蒙古和中国北方草原地带以及西方伏尔加河流域的某些器物颇相类似，表明该文化与这些地区的青铜文化有密切联系。起源及人种尚不清楚，主要有二说：一说卡拉苏克人是欧罗巴人种与蒙古人种的混合类型，其文化与中国北方有密切关系，应是中国北方的移民与叶尼塞河流域居民相融合而共同创造的；一说卡拉苏克人带有帕米尔－费尔干纳类型和安德罗诺沃人的特征，其文化是在安德罗诺沃文化的基础上发展起来的。另有人提出这一文化起源于靠近帕米尔和额尔齐斯河上游的地区。关于该文化的断代，各家说法还有出入，上限大体在公元前15—前12世纪之间，下限在公元前8—前6世纪之间。关于石峡期遗存的性质，还有人坚持认为它是与卡拉苏克文化平行的另一种文化，并名之为"鲁加夫卡文化"。

米诺斯文明

希腊克里特岛的青铜时代中、晚期文化，又称"克里特文化"或"克里特文明"，约始自公元前1900年，至前1450年左右克里特为迈锡尼人占领而结束。"米诺斯文明"一词，来自古希腊神话中之克里特贤王米诺斯。它是欧洲最早的古代文明，也是希腊古典文明的前驱，以精美的王宫建筑、壁画及陶器、工艺品等著称于世。

发现与发掘　在古希腊时代，米诺斯王已是传说人物，直至近代，学术界都认为有关米诺斯王的事迹纯属虚构。19世纪70年代初，德国考古学家H.谢里曼先后发掘特洛伊城址、迈锡尼城址等，证实古希腊传说确有其历史背景。1878年，希腊考古学家M.卡洛凯里诺斯在克里特岛发现克诺索斯王宫遗址的一部分——陶瓶储藏库房，开始称此为米诺斯王宫。1900年，英国考古学家A.伊文斯大规模发掘克诺索斯王宫，出土的大量遗迹、遗物表明，克里特青铜文化确实是世界古代文明重要中心之一。在克里特岛还发现多处王宫和城市遗址，重要者有费斯托斯王宫遗址、马利亚王宫遗址、古尔尼亚遗址等。近年的重大考古成果则有锡拉古城遗址的发掘。

分期与年代　伊文斯把克里特的青铜文化称为"米诺斯文化"，分为早、中、晚三期，每期又细分为Ⅰ、Ⅱ、Ⅲ三段。他推断早期米诺斯相当于埃及古王国时期，中期米诺斯相当于埃及中王国时期，晚期米诺斯相当于埃及新王国时期，并由此决定其绝对年代。伊文斯的分期奠定了克里特考古的基础，为许多学者所袭用，只是在绝对年代上略有更动。但实际上，米诺斯文明始于中期米诺斯，在晚期米诺斯中段即告结束。另外，伊文斯的中、晚期的划分与克诺索斯王宫建筑的发展也不完全符合。因此自1949年以来，希腊考古学家N.普拉通又提出新的分期法，以王宫建筑为标志，分为王宫以前时期、旧王宫（亦称第一王宫）时期、新王宫（亦称第二王宫）时期和王宫以后时期四大阶段。

王宫以前时期　此期处于原始社会向奴隶社会过渡阶段，与基克拉泽斯文化相似。此期之末，约公元前2200—前1900年，原始公社制已经瓦解，从普遍使用私人印章，以及出现豪华的金银饰物看，私有制和贫富分化已相当发展。约公元前1900年，克里特岛出现奴隶制国家，进入阶级社会的旧王宫时期。

旧王宫时期 克里特岛奴隶制国家的形成以王宫建筑为标志。当时在克诺索斯、费斯托斯、马利亚等地都兴建了规模宏伟的王宫，而以克诺索斯的王宫最大。一般认为，各王宫都是奴隶制王国的中心，而克诺索斯则为各王国联盟之首。各王宫的布局及建筑风格基本相同，宫室一般有两三层，围绕长方形的中央庭院而建厅房。庭院西部各厅房为举行宗教祭礼之所。西部院外有一广场，为祭典场所，亦称"戏场"。王宫供水工程完善，克诺索斯王宫引水道长达10千米，自高山引来清泉，陶水管接缝严密。

旧王宫时期以精美的彩陶著称，因最初发现于卡马雷斯山洞，被称为"卡马雷斯彩陶"。器物形制多样，有罐、钵、杯、碗、花瓶等类，一般以黑或暗青色为底，用白色绘出花草或各种图案，再杂以

古希腊米诺斯文明王宫复原图局部

红色斑点，有时还加以褐、黄等色或附塑立体花卉装饰，极为优雅，被认为是古代世界最精美的彩陶之一。制陶技术达到很高水平，采用轮制法，有些陶碗极薄，被称为"蛋壳陶"。卡马雷斯彩陶产生于王宫以前时期，此时达于全盛，克诺索斯、费斯托斯王宫皆有制作此类陶器的作坊。王宫以前时期的氏族集体墓葬此时已不流行，代之以单人墓葬。一般凿石为穴，遗体葬于陶罐或陶棺中，随葬品为日用器物和私人印章等。

米诺斯文明的经济基础是农业，以种植谷物和果树为主，也饲养羊、猪、牛等家畜。生产葡萄油和橄榄油。在农业发展的基础上，旧王宫时期已形成一些城市，工商业和航海贸易已较发达，与埃及、小亚细亚、叙利亚、巴比伦皆有贸易联系，对希腊本土的影响更日益加强。米诺斯文字也于此时初步形

锡拉古城遗址中绘着羚羊的壁画

成。在这一时期里，各王宫同时遭受三次地震大破坏。最大的一次破坏发生在约公元前1700年，此后各王宫彻底重建，开始进入新王宫时期。

新王宫时期　米诺斯文明的鼎盛时期。在各王宫中以克诺索斯王宫最大和最豪华，其他各宫也有一致规划，都无城防设施，表明克诺索斯已成为统一王国之首都，与古希腊有关米诺斯王建立海上霸权的传说相符。各地遗址以王宫为中心，周围有别墅、商馆、陵墓、一般民居。米诺斯艺术在此时达于全盛，王宫建筑风格偏重精致小巧，不求对称，喜用木柱，上粗下细，别具一格。宫室为多层楼房，厅房过道曲折相连，主要寝室附有浴室、厕所等卫生设备，使用自来水，上下水道已很完善。建筑材料木石混用，以石砌基部，柱子及屋顶则用木材。王宫各处绘有富丽的壁画，喜好表现花草和海洋生物，也刻画宫廷宴乐、礼仪和竞技活动。彩陶底色变浅，以黑、褐等色绘花草、海洋生物等，形象舒展自然。米诺斯文明无大型雕像，但印章和金银工艺品上的动物、花草雕刻却极精致。此时仍流行陶棺葬，有的陶棺外壁饰以表现祭祀的图画。随葬品有金银饰物等，墓穴有石砌圆顶墓和石凿岩墓等。在克诺索斯王宫附近还发现一座庙宇形的陵墓，前有列柱庭院，后有地窖式祭堂，墓穴凿于窖内深处，可能是王族陵墓。

新王宫时期，克里特的城市已具较大规模，首都克诺索斯约有8

陶杯

019

万人口，岛上各地皆有城池市镇。海运很发达，与埃及、叙利亚来往频繁，并在其地设商站。希腊本土南部和爱琴诸岛已并入米诺斯王朝版图，米诺斯王朝成为一方霸主，工农业、海运和商业都达到古代世界的极高水平。

米诺斯文明的衰亡　约在公元前 1500—前 1450 年间，克里特各王宫又遭到火山和地震的多次大破坏，除克诺索斯外，各宫破坏后即不复建。克诺索斯王宫在公元前 1450 年被迈锡尼人占据，有所恢复，但公元前 1400 年又遭到破坏。至此，米诺斯文明的繁荣即告结束。此后，克里特作为青铜文明中心的地位为迈锡尼文明所取代。

迈锡尼文明

希腊本土青铜时代晚期文化，主要分布在希腊南部和爱琴海区域。年代约在公元前 1600—前 1100 年。因当时希腊最强的王国及其首都迈锡尼而得名。迈锡尼文明继米诺斯文明而起，到它衰亡后，希腊历史进入"荷马时代"。迈锡尼文明以城堡、圆顶墓建筑及精美的金银工艺品著称于世。

发掘经过与年代分期　1870年，德国考古学家 H. 谢里曼在小亚细亚发掘特洛伊城址，证实了古希腊传说中迈锡尼王率希腊联军远征特洛伊之事，接着于 1876 年发掘迈锡尼故城。在城堡内的王族墓葬中获得丰富的金银工艺品，证实了"迈锡尼富于黄金"的传说。19世纪末和 20 世纪前半期，希腊考古学家 CH. 特孙塔斯、英国考古学家 A.J.B. 韦斯等陆续在迈锡尼以及希腊各地调查发掘，大大丰富了迈锡尼文明的内容。20 世纪 50 年代以来，迈锡尼考古的一个重大突破是释读迈锡尼文字成功，从语言上证明迈锡尼人是古代希腊人的一支。

考古学上通称希腊本土的青铜

文化为"希腊底文化"，分为早、中、晚3期。迈锡尼文明属于晚期希腊底文化；迈锡尼文明系由中期希腊底文化发展而来，也受到米诺斯文明的影响。迈锡尼文明在公元前2000年后期是地中海区域主要文明之一，其经济主要是农业和贸易，畜牧业亦较发达，广泛养马，盛行战车，并和埃及、叙利亚有文化、商业联系，也影响于南欧和西欧。迈锡尼文明本身可分早期、中期、盛期或晚期3个阶段。

早期迈锡尼文明（公元前1600—前1500）

因王族墓葬主要为竖穴墓，亦有人称这一阶段为"竖穴墓王朝"。此时中期希腊底文化的米尼亚灰陶仍然流行，并已开始了与埃及、叙利亚的交流，米诺斯风格的陶器逐渐增多。此期城堡和宫室建筑留存很少，主要遗迹为墓葬。墓葬主要有竖穴墓和圆顶墓，后者可能从克里特传来。王族竖穴墓用石建成长方形墓室，上盖石板、圆木或涂泥树皮。王族墓多集中成墓圈。墓圈A在城堡内，墓圈B在城堡外。前者可能为国王及王后、王子之墓，有墓穴6个，共葬19人，其年代约在前1550年前后。出土有丰富精美的随葬品，包括金面具、金额带、金角杯、金指环、金印章以及金银镶嵌的青铜短剑、金杯、银罐等。这些金银工艺品的风格以仿效米诺斯文明为主，有些可能是出于米诺斯工匠之手。但迈锡尼本身的特点已经显露，如装饰图案喜用狩猎、战争题材，墓碑上刻画马拉战车，金面具上有唇须，喜用琥珀和使用野猪牙头盔等。

中期迈锡尼文明（公元前1500—前1425）

由于王族墓葬以圆顶墓为主，史学上又将此期连同其后的晚期迈锡尼文明称为"圆顶墓王朝"。圆顶墓往往有石凿或砖

欧洲青铜时代 迈锡尼文明金面具

砌的墓道，墓室平面呈圆形，砌石为壁，顶部叠涩砌成圆锥状，墓上覆土成坟丘。中期迈锡尼的圆顶墓也多见于希腊南部各地，说明其势力的扩张。随葬品大多无存，但在斯巴达附近瓦菲奥的一座圆顶墓内却发现两只金杯，遍体饰以表现猎获野牛的浮雕，堪称古代工艺的杰作。陶器已形成迈锡尼独有的风格，称为"王宫式"，喜用对称的花草图案，制作精审，远销埃及等地。迈锡尼文字，即线形文字 B 即产生于这一时期。

晚期迈锡尼文明（公元前1425—前1100） 亦称"盛期迈锡尼文明"。遗址广布于希腊本土和爱琴诸岛。迈锡尼城堡平面略呈三角形，经多次修建，城墙用巨石环山建成，厚达 5 米，高 8 米，和米诺斯文明王宫建筑全无防御设施迥然有别。大门开于西北，门楣上立三角形石刻，表现双狮拱卫一柱，此即著名的"狮门"，此外，还有内门、暗门等。王宫建于堡内中央高处，以麦加伦式大厅为主体，大厅前有高墙和楼廊围成的庭院，前厅门廊立两根圆柱，后厅约呈方形。灰泥地面有彩绘，用石膏石板镶边。厅内有四根圆柱，中央为圆形神灶，倚墙置有宝座。其他住房为两层或三层结构。王宫中有表现车、马等题材的壁画。此期的主要遗址还有梯林斯和皮洛斯。梯林斯城址位于迈锡尼东南 16 公里，平面不很规则，南北长 300 米，东西宽 60 ~ 100 米。巨石构筑的城墙最厚部分达 17 米，平均厚 7.5 米，部分墙段内设通道，在古希腊时即被视为工程奇迹。城堡内的宫室亦以麦加伦式大厅为中心，形制和迈锡尼的大厅相同。皮洛斯城址位于伯罗奔尼撒半岛西岸。王宫建筑之宏伟可与迈锡尼相比，在王宫西南角的档案库中，发现了 1200 块线形文字 B 泥板文书，对释读迈锡尼文字很有帮助。

此时圆顶墓达于鼎盛，迈锡尼城郊的 9 座圆顶墓在古希腊时即已著名。其中一座被称为"阿特柔斯王宝库"，最豪华也保存得最好。它位于城堡西南，墓道长 36 米，宽 6 米，墓门总高 10.5 米，门内形成厚约 5.2 米的过道，大部分用重达 120 吨的巨石为盖。墓室高 13.2 米，地面铺石灰，北侧山岩内凿出一方形石室，墓室壁面可能有青铜玫瑰纹片装饰，但全部随葬品已荡然无存。盛期迈锡尼文明产生的迈锡尼式陶器，火候很高，器形多样，喜用褐、紫单色绘简单图案，密布器物全身，风格粗放。这类陶器和其他迈锡尼产品畅销于塞浦路斯、叙利亚、腓尼基、埃及各地。在塞浦路斯的恩科米及腓尼基的乌加里特都设有迈锡尼商站，可见其贸易之盛。由于迈锡尼文释读成功，已知当时人崇奉万神之父宙斯、海神波塞冬、天后赫拉、战神雅典娜和太阳神阿波罗，与日后古典时代希腊宗教相似，也信仰克里特的丰饶生产女神。但当时大型神像雕刻极少，与古典时代的希腊不同。

公元前 1200 年左右发生了特洛伊战争，迈锡尼文明从此衰落，至公元前 12 世纪末即为入侵的另一批希腊部族多里安人所灭。

爱斯基摩文化

北极地区爱斯基摩人的史前文化，又称"北极地区原始文化"，年代约从公元前 1000 年始，至 16 世纪进入历史时代止。起源于白令海峡地区，渐次分布于阿留申群岛、阿拉斯加沿海，以及格陵兰、拉布拉多和纽芬兰等岛屿。爱斯基摩文化建立在渔猎经济之上，以捕猎海象、海豹、鲸以及驯鹿和鸟类为生，并以兽类的骨、肉、皮毛、脂肪作为生活资料和建筑材料。典型器物是带有套索的嵌有石片、骨、象牙尖头的鱼镖，骨或鹿角制的矛头，石片制的刀子、刮削器、雕刻器，石或陶制的灯。广泛流行骨、角、象牙雕刻。公元 1 世纪起

开始使用铁器。

文化渊源 爱斯基摩文化起源于北极小工具传统及阿留申石核和石片工具传统。前者来自亚洲和北极西部，年代为公元前4000—前1000年，其分布向东一直延伸到格陵兰，特点是以猎取海兽和驯鹿为生，工具为精制的燧石刀、尖状器、矛头等，流行象牙雕刻；后者又称阿留申原始爱斯基摩文化，年代上限在公元前6000年左右，

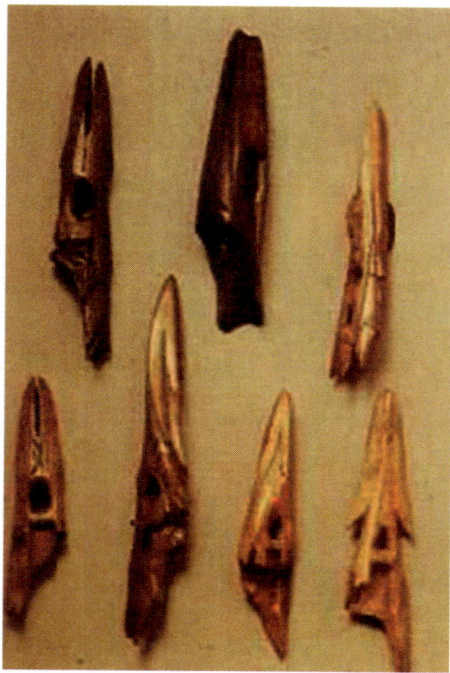

北美古代爱斯基摩文化 象牙和骨制鱼镖

爱斯基摩文化中的阿留申地区支系，由这一传统直接发展而来。在这两个传统的基础上，爱斯基摩人逐步适应北极苔原、冻土地区的严寒，发展起具有特色的史前文化。

支系与特征 根据地区和文化的差异，爱斯基摩文化可分为若干支系，其中以H.B.柯林斯的4个支系说比较流行。这4个支系是：①太平洋—阿留申支系（公元前1000—历史时代）。分布于阿留申群岛和阿拉斯加南部沿海，受亚洲影响较多，居民从事渔猎和采集。工具为叶形尖头的投射器、刀子。早期多打制的端刃石片石器；晚期用磨光石片石器及骨制的套索鱼镖，骨、木制的鱼钩、网坠。制木工具发达，有锯、锛等石工具和楔子、钻孔器等骨工具。还有石和象牙雕的肖像、珠子和铜制饰品。早期房屋是石、鲸骨和木头建的方形半地穴居址，后期变为长方形。死者饰以象牙珠。②乔里斯－诺顿－伊皮乌塔克支系（公

元前 1000—公元 500）。分布于阿拉斯加地区的白令海沿岸。从古捕鲸文化发展而来。乔里斯文化年代为公元前 1000—前 500 年，使用石片雕刻器，鹿角做的镞、鱼镖等，晚期出现陶器。冬天居住木构土屋。诺顿文化自公元前 500 年兴起，方形冬屋内设火塘，墙用木柱撑持。工具有少量的细石器制的边刃器、带套索的鱼叉、网坠等，还有厚重的斧、锛和薄利的刮皮刀。陶器较有名，典型器物是深腹平底罐。伊皮乌塔克文化得名于波因特霍普的伊皮乌塔克遗址，形成于公元初年。该遗址是典型的爱斯基摩文化遗址，是一个大的村落，有600～700 座房屋，均作半地穴式的方形或圆角方形，内设火塘。工具有尖端或一侧装有石片尖状器的鱼镖、磨光的石斧、石锛，还有镶铁尖头的雕刻器，这是北极最早使用的铁器。继伊皮乌塔克文化而起的是比尔尼克文化，年代为 500—1100 年。典型器物是边刃、端刃的刮削器和刀子。③北方沿海支系

（公元前 300—公元 1000）。分布于阿拉斯加北部、加拿大北极地区和格陵兰北部沿海地区，其下又可分为 5 个阶段或类型，即奥克维克－古白令海－比尔尼克－普努克－图勒文化。翼形器或称飞蝶形的象牙雕刻器是这一支系的典型器物，这种器物可能是安装在鱼镖或投掷器上作平衡的双翼用的，奥克维克时期的小而平；古白令海时期的形大而作飞蝶状并且刻有几何形图案；普努克时期作三叉戟状。其他还有石、骨工具。普努克时期有了铁头的雕刻器。陶器用作炊具和灯，质粗，火候低。陶器装饰中有海象、海豹等动物题材和人头面形象。从古白令海到普努克时期出现的狗驾雪橇系从亚洲传来。④多塞特文化支系（公元前 800 或前600—公元 1000）。分布于加拿大北部及格陵兰地区。这一文化多燧石制的雕刻器、尖状器、刀子及两面精修的鱼镖头、鱼叉，还有带套索的骨鱼镖、骨刀、雪刀等。在纽芬兰地区，发现半地穴式带火塘的房

屋，房屋用木柱撑架。器物把手上多有象牙雕刻装饰，也有象牙雕刻的小兽、护身符。在东部地区，见有古代文化传统的因素，说明爱斯基摩人与古印第安人文化有所接触。

图勒文化是爱斯基摩文化传统最晚阶段的文化，因发现于格陵兰西海岸的图勒而得名。约形成于900年，一直延续至历史时代。居民住长方形冬屋，石器少，多使用骨、木和象牙制的工具、用具和装饰品，并有铁器，以猎取海兽为主要生活来源。其居民是今天大多数爱斯基摩人的祖先。

以色列王国

巴勒斯坦北部古代希伯来人国家，始建于公元前10世纪，公元前722年为亚述王萨尔贡二世灭亡，都城在撒马利亚。

希伯来人属塞姆语系，公元前第二千纪后半叶进入巴勒斯坦，公元前13世纪末，由游牧转向定居，并开始逐步征服原居于此地的迦南人。公元前11世纪反抗腓利斯丁人的斗争，促进了希伯来人国家的产生。公元前11世纪末，扫罗和大卫（公元前1000—前960年在位）联合希伯来各部落，建立常备军，抗击腓利斯丁人的入侵，被北方中部推举为以色列王，并在其周围形成军事贵族集团。约公元前1000年，扫罗在同腓利斯丁人的斗争中兵败身亡。此后，犹太国王大卫彻底击败腓利斯丁人，统一南北巴勒斯坦，建立以色列－犹太王国。大卫之子所罗门王（约公元前10世纪中叶在位）统治后期，南北方矛盾激化，北方的耶罗波安一世在埃及支持下起兵反对所罗门，自立为王，建立以色列王国。立国的前几十年中经常同犹太王国发生战争，并曾遭受埃及的入侵。暗利王朝统治期间，局面较安定，暗利定都撒马利亚，同犹太、推罗联姻以抗衡叙利亚的阿拉米人。暗利之子亚哈在位时，以色列王国又曾联合叙利亚、巴勒斯坦诸国，抵制亚述帝国的西进。耶户王朝统治时期（公元前842—前748），以色列王国受到亚述帝国日益严重的威胁。公元前722年，萨尔贡二世攻陷撒马利亚，将大批居民迁往异域，以色列王国遂亡。

以色列王国是实行贵族政治的奴隶制国家。除国王外，还存在长老会议和民众会。以色列人是全权自由民，其中包括员族、平民等奴隶主阶层和贫困的非奴隶主阶层。被以色列征服的异族人是无权的依附者，地位已近于奴隶。另外存在奴婢。公元前8世纪后，随着高利贷的发展，社会的贫富分化越来越严重。在这一背景下，一些下层的贫苦祭司在平民间活动，假托耶和华神的启示，谴责富人对穷人的剥削和奴役，预言富人将受到惩罚。这一活动史称"先知运动"。

以色列王国地处近东贸易要冲，经济和文化均极发达。公元前8世纪时已普遍使用铁器，同近东各地区间的交流也很广泛。首都撒马利亚的遗址已作了发掘。城市规划整齐，有石砌城墙，城内有暗利建造的宫殿及神庙、竞技场、剧场等。出土遗物上反映了埃及和美索不达米亚对此地的影响。

犹太王国

巴勒斯坦南部希伯来人古国。始建于公元前第一千纪初，公元前586年为新巴比伦王尼布甲尼撒二世所亡，都城在耶路撒冷。

希伯来人属塞姆语系，公元前第二千纪后半叶进入巴勒斯坦。公元前13世纪末由游牧转向定居，并逐步征服了原居于此地的迦南人。公元前11世纪起反抗腓力斯丁人的斗争，促进了希伯来人国家

的产生。北方十部拥戴的以色列王扫罗在与腓力斯丁人的战斗中战死后，南方二部推举的犹太王大卫（公元前1000—前960年在位）继续这一事业。大卫统一巴勒斯坦，彻底击败腓力斯丁人，并进而征服其余的迦南人居住区，定都耶路撒冷，建立起统一的以色列—犹太王国。由于古代巴勒斯坦南北方存在着较大的差异，兴起于南方的统治者又把赋税等多加在北方，从而导致南北方矛盾激化。大卫之子所罗门王死后，公元前922年王国分裂，北部为以色列王国；南部为犹太王国，罗波安为王，仍都耶路撒冷。罗波安至亚玛谢时期（约公元前934—约前783），国势衰微，并一度臣服于以色列。乌西亚统治期（约公元前791—前739）国势强盛，一度成为西方反亚述联盟首领。公元前722年，以色列为亚述灭亡后，犹太王国交纳大量赎金方得以留存，成为仅存的希伯来人国家。公元前715年继位的希西家为复兴大卫盛世，进行宗教和政治改革，废除外族宗教的偶像崇拜，对一神论犹太教的形成有重大的影响。他还参加反亚述联盟。公元前701年，亚述王辛那克里布进击巴勒斯坦时，希西家被围于耶路撒冷，而不得不屈服于亚述。希西家之重孙约西亚（公元前640—前609年在位）趁亚述衰落之机，扩大统治范围，并在国内颁布律法，推行较彻底的宗教改革，实行独尊雅赫维的一神论，以耶路撒冷雅赫维神庙为全国唯一的宗教中心，在希伯来人历史上影响深远。约西亚后的犹太诸王力图利用新巴比伦王国同埃及的矛盾以自保，国势日下。公元前598年，尼布甲尼撒二世攻下耶路撒冷，掳走国王约雅斤及众多王公贵族、手工业者，立约西亚次子西底家（公元前597—前587年在位）为傀儡。公元前586年，尼布甲尼撒二世再下耶路撒冷，灭犹太王国，并将大批犹太臣民迁往巴比伦，史称"巴比伦之囚"。此后，犹太地区先后处于波斯帝国、古代马其顿等的统治之下。

大卫、所罗门在位期间，控制经巴勒斯坦的商路，经营贸易，同埃及、两河流域及阿拉伯各地都有商业联系，国家的经济有较大发展。在国内的阶级关系上，犹太人是全权自由民，包括大小奴隶主和贫困的非奴隶主阶层。其次是地位近于奴隶的异族人依附者及奴婢。公元前 8 世纪后，社会贫富分化严重，导致公元前 7 世纪的贫民奴隶暴动。随着经济的发展，国家机构日臻完备，大卫的官员已有专门分工，所罗门为征收赋税，在国内划出 12 个区，派人负责。王国中央实行贵族政治，除国王外，还有长老会议和民众会，二者一直存在到犹太王国灭亡。

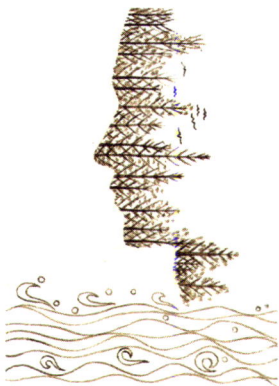

塔加尔文化

南西伯利亚早期铁器时代文化，分布于俄罗斯叶尼塞河中游米努辛斯克盆地、克拉斯诺亚尔斯克地区和克麦罗沃州东部。年代约为公元前 7—前 1 世纪，前接卡拉苏克文化，后续塔施提克文化。20世纪 20 年代，先由苏联考古学家 C.A. 捷普劳霍夫划定为一个文化，后由 C.B. 吉谢列夫根据米努辛斯克附近塔加尔岛发掘的冢墓而定名。有的苏联考古学家将这一文化分为 4 期：巴伊诺沃期（公元前 7—前 6 世纪）、波德戈尔诺沃期（公元前 6—前 5 世纪）、萨拉加什期（公元前 4—前 3 世纪）和捷西期（公元前 2—前 1 世纪）。

遗迹和遗物 居住遗迹仅少数保存较好。在乌斯季叶尔巴村西南，发现有直径约 200 米的圆形居

留地，其周围筑土墙，南面设门，墙内挖壕。但未见房址，当系战时避难地。

主要遗迹是墓葬，每一墓地包括几十甚至几百座墓，墓上有土冢和石围墙，围墙四角间或四边中央有柱形立石。随葬的青铜器组合中都有刀、锥、镜。第一期墓葬带有卡拉苏克文化的特点，如围墙作方形，往往互相连接，墓圹多为石箱。不同之处是有的墓圹建有木椁，葬式均为仰身直肢，头多向西南。陶器中有卡拉苏克式蛋形尖底器，但多数是典型塔加尔式的平底缸形器，一般在口沿上饰篦纹。典型青铜器是扁平素面柄的环首或半环首刀、扁平格手的短剑，出现战锤、战斧。第二期墓葬数量最多，塔加尔特征也最明显。土冢一般矮小，围墙为长方形，墙内常建一石箱墓或木椁墓。一般为单人仰身葬。死者腰部除青铜的刀、锥、镜外，又增加了角刀、角梳。男墓则常出土短剑、锤、斧及镞等青铜兵器。陶器仍为平底缸形器，但有明

显折肩，纹饰多篦纹、弦纹和从内壁压出的"珍珠纹"。短剑有突出于剑体四周的格手。镞作椭圆或菱形，有箭。出现大型墓葬，如阿巴坎草原的卡拉库尔干冢，封土高4米，围墙四角和四边分置14根高3米的立石，围墙内建2木椁墓室，面积分别为17和20平方米，推测墓主为一男一女。墓已被盗，随葬品仅遗少量金器等。第三期土冢一般高约1米，面积约200～300平方米，围墙内建1～3座大型木椁墓室，流行合葬，最多者达百人。也有只葬2～3人者。大墓墓室与围墙之间葬有儿童。随葬品有明显变化。陶器有壶、圈足锅。缸形器多为素面。青铜短剑有八字形格手；铜刀有三角形或镂孔刀柄；战锤变小，背部常饰山羊形象。屡见奔鹿形小牌。在只葬2～3人的墓里，青铜器较多，常出土金饰物。大型墓葬如萨尔贝克冢高11米，石围墙高2米，四角和四边巨石高4～5米。第四期墓葬有两类：一类近似萨尔贝克冢，单独建于草

原。木椁面积为 1500 平方米。墓内人骨多达百余具，墓穴最后封盖时放火焚烧。另一类为墓葬密集的墓地。石板围墙面积在 10 平方米以下，内建一石箱墓，葬 2～7 人。出现死后环锯头骨和脸部覆以石膏面罩的风俗。随葬器的最大特点是没有青铜工具，代之以仿铜器的铁刀、铁剑、铁锛及带钩等。陶器中仍有素面平底缸形器，出现类似斯基泰铜鍑。

经济和社会形态 经济生活沿袭卡拉苏克文化的传统，为半游牧和锄耕农业。大量的青铜镰刀，以及灌溉渠道和守护水渠的防御建筑等遗迹，表明农业占有显著地位。青铜器器形和纹饰的规格化，铸造工艺的改善，铜器窖藏中所出制品上的工匠标记等，说明铸铜业开始形成专业化的生产，产品用于交换。从第四期铁制工具取代青铜工具并模仿其形制看来，当时已开始本地的冶铁生产。从四期墓葬的变化中可以看出，在墓葬规格和随葬品方面，差别逐渐明显，反映出社会成员的贫富分化。而第二期开始出现的巨冢，应是氏族贵族或部落首领的墓葬。推测当时的社会结构为氏族制后期的军事民主制阶段。

人种、起源和文化联系 该文化居民的体质类型属欧罗巴人种，与阿凡纳谢沃文化、安德罗诺沃文化的居民和黑海北岸的斯基泰人接近，有人推测系中国史书中记载之丁零人。塔加尔文化的早期遗存与卡拉苏克文化多有继承关系，表明它是从后者发展而来。这一文化的青铜兵器、马具及艺术中的"野兽纹"，与斯基泰文化及中亚、外贝加尔、蒙古、中国北方地区的某些出土遗物相类似，表明该文化与这些地区的早期铁器时代文化有着广泛的联系。

新巴比伦王国

古代西亚两河流域国家，由居住在两河流域南部的迦勒底人于公元前 626 年所建，公元前 539 年为阿赫美尼德波斯帝国灭亡。

公元前 626 年，巴比伦军官那波帕拉萨自立为巴比伦王（公元前 626—前 605 年在位），后与米底结成联盟，在公元前 612 年攻陷尼尼微，灭亚述帝国。公元前 586 年，其继承者尼布甲尼撒二世（公元前 604—前 562 年在位）灭犹太王国，将大批犹太人俘至巴比伦城，此即所谓"巴比伦之囚"。在尼布甲尼撒二世统治时期，王国处于极盛阶段。首都巴比伦城成为当时城市的典范，其伊斯塔门、王宫步道等是古代两河流域艺术的杰作。传说中尼布甲尼撒二世建造的"空中花园"，后被誉为古代世界七大奇观之一。尼布甲尼撒二世之后第 4 王为新巴比伦王国末代王那布尼德（公元前 555—前 539 年在位），他改革国家宗教政策，开发阿拉伯沙漠地区。公元前 539 年，波斯王居鲁士二世攻陷巴比伦城，新巴比伦王国灭亡。

新巴比伦王国统治时期，天文学等学科迅速发展，精确的天文观测记录出现，迦勒底人也因此被希腊人尊称为"天文学家"。

高卢

古代西欧地名，分为两大地区：山内高卢，即阿尔卑斯山以南到卢比孔河流域之间的意大利北部地区；山外高卢，即阿尔卑斯山经地中海北岸，连接比利牛斯山以北广大地区，相当于今日的法国、比利时以及荷兰、卢森堡、瑞士和德

高卢人抗击罗马军队入侵浮雕

国的一部分。

公元前 6 世纪时，高卢的主要居民为凯尔特人，罗马人称之为"高卢人"。高卢的西南部住有伊比利亚人，东南部住有利古里亚人。公元前 1 世纪，高卢人社会仍处于原始公社的解体阶段，部落的氏族贵族拥有大片土地和许多牲畜，破产的平民则依附于氏族贵族。部落的祭司称德洛依德，威望很高，粗通医术和天文学，为部落的法官和医师，负责调解部落间的纠纷。

从前 2 世纪起，罗马人侵入高卢，征服高卢南部，建立了纳尔博南西斯行省。公元前 58—前 51 年，高卢的其余部分又为恺撒率领的罗马军队所征服。奥古斯都统治时，把高卢分为 4 个行省。公元 1 世纪末至 2 世纪，高卢经济繁荣，农业、纺织业、冶金业均有发展。城市中点缀着罗马式的建筑物，如神庙、凯旋门、竞技场和剧场，罗马式公路贯穿高卢全境。奴隶制庄园广泛流行。从罗马皇帝克劳狄一世统治起，高卢地方贵族开始进入元老院，逐渐和罗马统治阶级合流，促进了高卢的同化。高卢人民在罗马的重税政策和高利贷的压榨下，生活艰难，几次起义。3 世纪，罗马奴隶制度危机波及高卢，引起高卢商业和手工业衰落，城市凋敝，并不断遭到日耳曼部落的袭击。258 年，罗马帝国驻高卢军官在波斯塔马宣布高卢脱离帝国而独立。15 年后，高卢重新并入罗马帝国。5 世纪初，高卢形势急剧恶化，勃艮第人侵入莱茵河西岸。418 年，西哥特人以帝国同盟者身份获得高卢西南部阿基坦。486 年法兰克人征服高卢北部。6 世纪中叶，法兰克人统治整个高卢后改称法兰西，高卢之名遂废。

波斯帝国

古代伊朗以波斯人为中心形成的帝国（公元前550—前330）。统治这个帝国的是阿赫美尼德家族，故又称阿赫美尼德波斯帝国。

伊朗西南部法尔斯地区的波斯人本来臣服于西北部的米底。公元前550年，波斯王居鲁士二世（后称"大王"）灭米底；进而向外扩张，建立波斯帝国。公元前546年，居鲁士二世灭小亚细亚的吕底亚王国，次第征服小亚细亚西部沿海各希腊城邦；公元前539年，灭新巴比伦王国。公元前529年阵殁。

居鲁士死后，其子冈比西斯二世（公元前529—前522年在位）继位。公元前525年征服埃及，公元前522年在返回途中身亡。大流士一世即位（公元前522—前486年在位）。

大流士一世以严密的制度和立法巩固他所继承的帝国，进而向外扩张。在东面，巩固了居鲁士二世业已征服的领土，更将印度河流域并入帝国版图；在西面，约在公元前513年，渡赫勒斯滂海峡（今达达尼尔海峡），亲征黑海西岸和北岸的斯基泰人，为征服希腊作准备。公元前490年，大流士一世入侵希腊，发动希波战争，但在马拉松一役战败。以后，其子薛西斯一世（公元前486—前465年在位）继续执行征服希腊的计划，但仍以失败告终。

此后波斯帝国国势渐趋衰落。薛西斯一世以后诸王，阿尔塔薛西斯一世（公元前465—前425年在位）、薛西斯二世（公元前425—前424年在位）、大流士二世（公元前423—前404年在位）在位期间，宫廷阴谋和各地叛乱不断。末王大流士三世（公元前337—前330年在位）统治时期，马其顿崛起，公元前 330 年，帝国都城波斯波利斯陷落，帝国灭亡。

波斯帝国领土辽阔，民族复杂。当其全盛时期，帝国以相当严密的中央集权的政治机构和强大的军事力量，以及对待被征服民族的比较开明的政策，维持帝国的统一。为了军事和行政的需要而修筑的驿路网和全国 111 个驿站把帝国各部分紧密连接起来，保证了邮政和情报传递的畅通，同时也为商业发展创造了条件。海上航路的开辟促进了国际贸易。大流士一世实行税制改革及统一度量衡和币制，更促进了帝国的经济发展。

在艺术方面，波斯帝国留下了宝贵遗产。波斯的建筑融合埃及、巴比伦、希腊各民族的艺术成就，构成自己独特的雄伟壮丽的风格。大流士一世的新都波斯波利斯的宫殿建筑在巨石垒成的高台上，有大王听政的殿堂和百柱大厅。

波斯人以琐罗亚斯德教为国教。琐罗亚斯德教创建于公元前 600 年，创始人是琐罗亚斯德。阿胡拉·玛兹达神是琐罗亚斯德教崇拜的中心，他是天地的创造者，即物质和精神世界

波斯波利斯王宫觐见厅遗址

的创造者；是光明与黑暗变化的根源；是最高的法律制订者；是自然界的中心；还是整个世界和道德秩序的创造者。琐罗亚斯德一神教的核心是善恶二元论。善神有一个对立面，即恶神，他的追随者也分别代表着邪恶的事物。琐罗亚斯德教思想来源于米底文化、古代两河流域文化、古代埃及文化以及波斯文化本身，同时也对其他民族宗教产生了深刻影响。阿胡拉·玛兹达信仰直接影响了犹太教的耶和华信仰。善恶二元论则影响着基督教和伊斯兰教。并且，琐罗亚斯德教也对希腊宗教、思想和哲学产生影响，赫拉克利特的形而上学理论和逻辑论直接源自琐罗亚斯德教思想；亚里士多德所归纳的毕达哥拉斯学派的基础正是二元论，也来自琐罗亚斯德教中善灵和恶灵的共生共存、相辅相成思想。

孔雀王朝

古代印度摩揭陀国的奴隶制王朝。因其创造者旃陀罗笈多出身于孔雀家族而得名。阿育王在位期间，南亚次大陆除极南端一部分外，全部囊括在孔雀王朝的版图之内。首都为华氏城（今巴特那）。

王朝的建立 公元前327年，马其顿国王亚历山大大帝入侵西北印度，至公元前324年征服该地区，消除了那里小国林立的分裂局面，为后来孔雀王朝统一这一地区铺平了道路。出身低贱的旃陀罗笈多乘机崛起，推翻难陀王朝，自立为王，赶走马其顿驻军，统一北印度，于公元前323年建立孔雀王朝。公元前305年，塞琉西王国入侵印度，战败求和，把大体相当于今阿富汗和俾路支斯坦的大片土地割让给印度。约公元前297年，旃陀罗笈多去世，其子频头娑罗继位。20余年后频头娑罗死，其子阿育王继位。在阿育王时期，印度古代奴隶制君主专制的集权统治达到顶峰。

经济的发展　孔雀王朝时期生产力有很大提高。铁器的制造和使用已非常普遍。农产品种类增多，农业占有显著优势，是孔雀王国的社会经济基础。纺织、金属加工、酿造和造船等城市手工业都有发展。城市贸易同农村没有联系。印度同中国、两河流域、埃及等地有较活跃的贸易关系。中国丝绸输入印度，促进了印度养蚕业和丝绸制造业的发展。

行政司法和军事　国王是最高权威，辅佐他的是庞大而臃肿的官僚政治机构：第一大臣、王子、财政大臣、总税务官、大臣会议、总督和其他各级官吏。司法系统分为最高法院和地方法院，大法官负责最高法院。地方法院按行政区划分，共为4级。最低一级的法院由村社行政人员和长老组成。军队分为船队、步兵、骑兵、战车战象和后勤5个部门，总兵力63万人，战象9000头。

维持上述机构、人员的正常开支和浩繁军费花销时常造成王朝府库空虚。阿育王时代后期，政府被迫发行贬值的货币以维持国家机器的运转。

奴隶制特点和税收　孔雀王朝的奴隶制特点是普遍存在着家庭奴隶制，似乎并没有大规模地使用奴隶。只是在村社、矿山和行会中使用奴隶。最普通的奴隶称为达萨—布尔塔卡。

国家的税收主要来自于土地税，小部分来自国内外贸易税。土地为国王所有，多数学者认为国王是土地的唯一主人。少数学者认为当时存在着私人土地所有制。土地税一般是收获物的1/6，有时高达1/4，或低至1/8。在城市中，还征收出生税和死亡税等。国家控制着部分地区的灌溉系统，多数灌溉系统则由农村公社控制。有学者认为国家控制着全部灌溉系统。

种姓制度　印度种姓制度的发展在孔雀王朝时期达到成熟阶段并趋于严峻。此时编成的法经、法典，尤其是《摩奴法典》以大量的条文对种姓制度作了极为详尽的规定，特别是对各种姓的职业范围、婚姻等方面的规定，时至今日仍在印度社会生活中发挥着潜移默化的影响。

王朝的衰微　孔雀王朝统治下各地区在政治、经济、文化上都有很大的独立性，发展水平严重不平衡；王朝的中央集权制缺乏行之有效的管理手段；种姓制度与政治的相对独立，导致神权和种姓制度逐步取代了国家机器的作用。凡此种种，都在不同程度上助长了各地区的离心倾向，因此，阿育王死后，帝国逐渐分裂，其势力仅留恒河部分地区。约在公元前 187 年（或前 185），末代国王布利哈德罗陀为其部将普士亚密多罗·巽伽所杀。至此，孔雀王朝灭，巽伽王朝兴。

高句丽

又作高句骊、句丽或高丽。据中国古文献和清光绪六年（1880）在今吉林省集安市城东发现的《好太王碑》记载，传说高句丽的始祖朱蒙（即东明，又称邹牟）"出于夫余"，又说"东夷相传以为夫余别种，故言语法则多同"。

汉元帝建昭二年（公元前37），高句丽在汉朝玄菟郡境内建国，初都纥升骨城（今中国辽宁省桓仁县五女山山城），《三国志·魏书·高句丽传》载："汉时赐鼓吹技人，常从玄菟郡受朝服衣帻，高句丽令主其名籍。"高句丽建国初期，其活动范围大致在今浑江、鸭绿江中游一带。其居民以狩猎畜牧为主，兼营农耕。国中大户不耕作，坐食下户供给的米粮鱼盐。不设牢狱，有罪者由众人评判后杀戮，妻、子没为奴婢。高句丽人好清洁，善歌舞，习战斗。民俗厚葬，随葬品多有金银财宝。

西汉元始三年（公元3），高句丽琉璃明王迁都国内城（今中国吉林省集安市），同时为了加强防卫，又于城北修筑尉那岩城（后称丸都）。东汉时，其活动范围扩大，北至夫余南界（今浑江上游一带），南抵萨水（今朝鲜清川江），东向征服沃沮（在今朝鲜狼林山脉以东），濒临日本海，西达第二玄菟郡（今辽宁省新宾县）一带。王莽时，令高句丽王骓发兵助朝廷征匈奴，骓不受命，以兵攻辽东，杀王莽辽西大尹，后骓被莽东城将严尤诱杀，并贬高句丽王为下句丽侯。东汉建武八年（公元32），高句丽王遣使朝贡，恢复与东汉的册封关系，光武帝复其王号。公元1世纪中叶，高句丽王宫在位时，发兵进攻东汉玄菟郡，迫使该郡治所自今新宾西迁至今抚顺市区一带。其后高句丽逐渐扩张势力，中原人多有迁徙或并入其境内者，国势日盛。

2世纪末，东汉政局混乱，公孙氏在辽东割据自立，高句丽受其管辖。曹魏建立以后，高句丽与公孙政权同属于曹魏。建安二年（197）公孙政权与高句丽发生战争，高句丽溃败，国内城被毁。三年，高句丽复兴，山上王扩建尉那岩城（或称丸都城），修筑大型宫殿。九年，公孙康乘高句丽统治者争夺王位之际，出兵东向，攻破其王都，迫使新王伊夷模东迁。

伊夷模死，宫曾孙位宫嗣立为王，向西发展势力，曹魏正始三年（242），位宫攻打辽东的西安平（今辽宁省丹东市东北），被魏幽州刺史毌丘俭所破。七年，毌丘俭攻下丸都，刻石纪功而还。

十六国初，高句丽与前燕争战不已。东晋咸康七年（341），前燕王慕容皝率兵攻高句丽，次年大败之，复毁其国都丸都城，得大量珍宝、人口。高句丽王钊奔逃，后为百济所杀。其国力大衰。从东汉末到魏晋时代，由于高句丽迭遭公孙氏、毌丘俭、慕容皝等多次打击，

国都屡遭焚毁，活动范围日蹙，邻近日本海的沃沮等地被曹魏夺回。

后慕容氏问鼎中原，高句丽再度复兴，5世纪初占据后燕辽东、玄菟两郡。北魏始光四年（427），长寿王将都城由国内城迁到大同江畔之平壤，该都城由平壤城（原汉乐浪郡郡治）、青岩里土城、大城山山城和安鹤宫构成，即所谓的"三城一宫"（今朝鲜平壤一带）。到了5世纪30—70年代，高句丽活动范围大致北到夫余内地（今第二松花江上游一带），南达今韩国汉江以南，西濒辽河，东临日本海。

高句丽移都平壤后，与半岛南部的百济、新罗形成三足鼎立的局面。三国之间攻城略地，征战不已。北魏延兴五年（475），高句丽攻陷百济都城南汉山城，迫使百济迁都熊津，高句丽遂据有汉江流域。北齐天保二年（551），百济联合新罗复夺汉江流域，竹岭以北十郡之地（今朝鲜半岛江原道西部一带）亦为新罗夺取。婴阳王时，高句丽转而联合百济，与新罗争夺汉江流域。

南北朝时，高句丽一直与中原北朝各王朝通使往来，奉表进贡方物，接受册封。北魏一代，凡高句丽王嗣位，一般皆拜封为都督辽海诸军事、征东将军、领护东夷中郎将、辽东郡开国公、高句丽王，或有加使持节者。北齐乾明元年（560）封其王为高丽王，自此高句丽也称高丽。

隋朝建立后，与高句丽多有战事。开皇十八年（598），隋文帝杨坚命汉王杨谅攻伐高句丽，因乏食疾疫，被迫还师，高句丽也遣使谢罪。大业七年（611）、九年、十年，隋炀帝杨广三次以其"藩礼颇阙"，亲征高句丽，然未能击破之，却因连年兴兵激化了社会矛盾，酿成隋末农民起义的爆发。唐武德七年（624），廷议高句丽地位，以为高句丽"周为箕子之国，汉家玄菟郡耳！魏晋以前，近在提封之内，不可许以不臣。"遂复属国旧制。从6世纪中叶以后直至高句丽灭亡，高句丽的东、西、北部的活动范围没有太大变化，南部发生了很大变化，其西段控制线大体在以北汉山城为中心的汉江下游流域，东段当在今朝鲜江原道安边一带。

唐贞观十六年（642），高句丽西部大人渊盖苏文拥兵政变，掌握实际统治权，又联合百济对抗新罗。新罗处境危殆，遂请唐朝干预。贞观十九年，唐太宗李世民亲征高句丽，双方互有胜负。此后，战事频仍，唐略占上风。高宗总章元年（668），唐将李勣率大军攻占平壤，高句丽亡。虔于其地置安东都护府（府治在今朝鲜平壤市）。

罗马帝国

公元前 27 年至公元 476 年统治整个地中海地区的古代罗马国家。395 年，罗马帝国分裂为东西两部。西罗马帝国亡于 476 年，东罗马帝国（即拜占廷帝国）逐渐演变为封建制国家，1453 年为奥斯曼帝国所灭。

罗马帝国史是古典奴隶制度在地中海地区达到最高度发展并最终走向衰亡的历史。通常把帝国分为前期帝国（公元前 27—公元 192）和后期帝国（193—476），有时又从后期帝国中分出"三世纪危机"时期（193—284）。

前期帝国 屋大维于公元前 27 年 1 月 13 日，接受元老院授予他的"奥古斯都"（意为"神圣"、"伟大"）尊号。采用"元首"（意为"第一公民"或"首席元老"）称号，史称"元首制"。元首制实际上是披着共和外衣的君主制。奥古斯都开创了延续百余年的所谓"罗马和平"时期。

公元 14 年奥古斯都逝世，克劳狄王朝不断加强皇权，巩固专制统治，发展官僚体系，残酷镇压反对者。弗拉维王朝进一步推行加强皇权、削弱元老院权力的政策。安

东尼王朝统治时期罗马帝国达到极盛。帝国的疆域达到最大规模：东到美索不达米亚，南至北非撒哈拉沙漠，西起不列颠，北至喀尔巴阡山脉和黑海北岸。

后期帝国　193—284 年间，罗马奴隶占有制社会处于全面危机之中，史称"三世纪危机"。从塞维鲁王朝（193—235）起，帝国的统治开始动摇。奴隶和隶农起义遍及意大利和行省，蛮族也大举突破边防，拥入帝国境内。

284 年，戴克里先（284—305年在位）改元首制为"多米那特制"（即君主制）。为了强化统治，实行"四帝共治制"，并进行行政、军事、赋税和币制改革。324年君士坦丁一世重新统一帝国。330 年君士坦丁一世把首都迁到拜占廷，改名为君士坦丁堡。

从 4 世纪中叶起，罗马帝国接连不断发生被压迫人民起义和外族入侵。378 年西哥特人大败罗马军队，继而于 410 年攻占罗马城。476 年 9 月，日耳曼人雇佣军长官奥多亚克废黜最后一个西罗马帝国皇帝罗慕卢斯·奥古斯图卢斯，西罗马帝国遂亡。东罗马（拜占廷）帝国则于 1453 年为奥斯曼帝国所灭。

拜占廷帝国

罗马帝国的后继者东罗马帝国的别称，330 年罗马皇帝君士坦丁一世在古希腊移民城市拜占廷旧址定都，并改名为君士坦丁堡。395年，罗马帝国分裂为东西两部分。东罗马帝国建都君士坦丁堡，因此又称拜占廷帝国。由于其领土大部在希腊人居住地区，故也称"希腊帝国"。拜占廷帝国版图横跨欧、亚、非三洲交界处，领土以巴尔干半岛和小亚细亚为中心，包括亚美尼亚、叙利亚、巴勒斯坦、美索不达米亚和埃及。帝国初期，手工业和商业发达，城市繁荣，农业上隶农制占优势。5世纪时拜占廷在经受"蛮族"入侵之后渡过了奴隶制的危机，未曾打破国家机器，自上而下进行改革，逐渐演变为封建制国家。在476年西罗马帝国灭亡后，拜占廷帝国继续存在了近千年。

历史概述　帝国历史可分为3个时期：初期止于希拉克略一世（610—641年在位）即位前，中期止于马其顿王朝巴西尔二世（976—1025年在位）时期，后期至1453年帝国灭亡。

帝国实行君主专制。395—1453年共有107个皇帝。皇帝位居至尊，进行集权统治。行政机构重叠。除设置训练有素的常备军外，并使用庞大的雇佣军。由于防守坚固，战术较先进，外交策略灵活，能够在一个时期内抵御外族的入侵。拜占廷帝国不断与邻邦波斯萨珊王朝争夺小亚细亚一带的领土，双方战争一直持续到7世纪。

查士丁尼一世积极革新内政，528年主持编纂《查士丁尼民法大全》，532年镇压君士坦丁堡的尼卡起义，巩固了政权。533年侵入北非，534年灭汪达尔－阿兰王国；

君士坦丁一世（中）

535—554 年征服意大利的东哥特王国；552 年占据西班牙的西哥特王国东南部，使帝国的疆域空前扩大。但长期征战耗尽了国力，财政枯竭。帝国的削弱给外族以入侵巴尔干半岛北疆之机。查士丁尼一世死后不久，侵占的领土大部丧失。查士丁尼一世之后，帝国历经希拉克略、伊苏里亚、阿摩里亚、马其顿、杜卡斯、科穆宁和巴列奥略等王朝。

希拉克略王朝（610—711）于 627 年最终战胜波斯国王库斯鲁二世，收复了帝国东部的失地。但阿拉伯帝国兴起后，于 7 世纪中叶夺去叙利亚、美索不达米亚、巴勒斯坦、埃及、北非和西西里。拜占廷在非洲的大部分领土丧失。希拉克略开始实行军事、政治改革，把各省改成军区，军事首长任军区行政官，把土地分给军人。军事贵族形成封建地主阶层。此时拜占廷帝国已完全是希腊化的国家。

伊苏里亚王朝时期，军区制的效果日益显著。阿拉伯人退出小亚细亚，只是边境零星战斗约持续两个世纪。8—9 世纪发生了圣像破坏运动。利奥三世（717—741 年在位）利用人民对教会的不满，宣布禁止供奉圣像和圣物，没收教会土地分给军事贵族。这虽然加强了军事封建主的势力，促进了封建化进程，但同时恶化了与罗马教会的关系。820 年，利奥五世（813—820 年在位）被暗杀，迈克尔二世（820—829 年在位）被拥立为帝，开创阿摩里亚王朝（820—867）。821 年，小亚细亚军区军官斯拉夫人督马以恢复圣像崇拜为号召，发动起义，825 年督马起义被镇压。

马其顿王朝是帝国的繁荣强盛时期，内政巩固，开始向外扩张。东部边境推进到幼发拉底河，向西占据意大利南部，1018 年灭保加利亚第一王国。由于封建关系已经确立，土地兼并日益严重，大批自由农民沦为农奴。10 世纪初多次爆发农民起义。政府不得不限制大封建主侵占农民土地。王朝末年帝国转衰，在政治和宗教上与西欧的离心现象愈趋严重。1054年东西方教会正式分裂。

马其顿王朝之后，国内经历了一个纷争时期。小亚细亚大部被塞尔柱突厥人占据后，国力更趋衰落。1071年曼齐克特一役拜占廷战败，皇帝罗曼努斯四世（1068—1071年在位）被塞尔柱人俘虏。

科穆宁王朝建立后，封建制度已完全确立。对边境上的外来势力勉强抗击，保住了大部分领土。但已失去经济上的优势地位，货币贬值，商业优势被威尼斯等邻国所取代。1204年第四次十字军东侵，攻陷君士坦丁堡，在拜占廷领土上建立西欧封建主统治的拉丁帝国，只有尼西亚、伊庇鲁斯、特里比松三小国继承拜占廷的国统，不断与拉丁帝国作斗争。1261年，尼西亚皇帝巴列奥略家族的迈克尔八世（1259—1282年在位）灭拉丁帝国，恢复拜占廷帝国。

复国后领土大大缩小，国力衰微。巴列奥略王朝内讧严重，内战频仍。由于封建主的残酷剥削，1342—1349年爆发了吉洛特起义。14世纪初奥斯曼帝国兴起，不断侵犯拜占廷领土，最后使其居于君士坦丁堡一隅之地。1453年奥斯曼苏丹穆罕默德二世攻陷君士坦丁堡，拜占廷帝国灭亡。

拜占廷文化　拜占廷帝国的民族构成极为复杂，包括希腊人、叙利亚人、科普特人、亚美尼亚人、格鲁吉亚人及希腊化的小亚细亚人等。外族入侵期间又迁入哥特人（4—5世纪）、斯拉夫人（6—7世纪）、阿拉伯人（7—9世纪）、土耳其人（11—13世纪）。长时期以来，各族人民逐渐融合。在政治经济生活中起决定作用的是希腊人，帝国语言4—6世纪以拉丁语为主，7—15世纪以希腊语为主。拜占廷帝国融合罗马帝国的政治传统、希腊文化和希腊正教，创造了具有独特风格的拜占廷文化。建筑艺术方面，如圣索菲亚大教堂，尤以雄伟庄严著称；还有皇帝圣宫和竞马场驰名于当时。拜占廷帝国将文字和东正教传给斯拉夫人。它所保存的

希腊、罗马古典文化，对意大利的文艺复兴运动起了一定的作用。

拜占廷帝国在国际经济和文化交流方面还起过东西方的"金桥"作用。历史学家普罗科匹厄斯的《哥特战记》载有中国蚕子传入拜占廷的情况。中国史书中也有关于拜占廷的丰富记载。中国从4世纪已与拜占廷有贸易、文化联系。中国史书中称拜占廷为"大秦"或"拂菻"。中国由拜占廷输入的商品有琉璃、珊瑚、玛瑙等。拜占廷的民间幻术传入中国，与中国传统技艺相结合发展成为今天的中国杂技艺术。另外，拜占廷的宗教传入中国（景教），开欧洲宗教传入中国的先河。

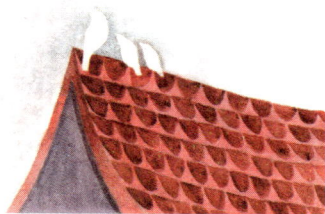

大和国

日本古代奴隶制国家，又名倭国、大倭国，年代为4—7世纪，晚于邪马台国。大化改新后天皇执政，大和时期结束。在考古学上称为"古坟时代"。

大和国家形成初期，倭王称为"大王"。以倭王为首，畿内豪族葛城臣、平群臣、苏我臣、大伴连、物部连等分掌国家的祭祀、军事、外交、财政等，在朝廷内有较大的权力，倭王的绝对统治权尚未确立。地方设国（以国造为长）、县（以县主为长）、村（以稻置和村主为长），国和县中有公、直、首等姓的地方豪族，但地位比臣、连等中央豪族低下。豪族的同族集团叫作"氏"，有臣、连、君、直、造、首等姓，表明某氏的政治地位和职务。这种以姓氏表示的政治关系称

"氏姓制度"。国家的经济基础是大王的直辖领地（屯仓和田庄）和部民制。部民在氏姓豪族和倭王领地的田庄和屯仓中从事生产。在朝廷和豪族控制的手工业部门中的生产者也称"部民"，以专业不同编成不同的"部"，如制陶的土师部，制铁器的锻冶部等。各部的领导（伴造）多半由地位较低的豪族充任。由大陆进入日本的移民，按其所掌握的专门技术被分配在各种部中，移民的首领往往是这一部的领导者。史学界对部民的性质认识不一，多数认为其具有奴隶的身份。此外，尚有属于氏而没有姓的平民和家内奴隶。从6世纪开始，倭王与豪族为扩大屯仓、田庄以及占有部民，相互间矛盾加剧。葛城臣、平群臣、大伴连、物部连在斗争中逐一失势，至6世纪末只剩下苏我氏与倭王争权。推古元年（593）圣德太子（574—622）摄政，大力提倡佛教，制定冠位12级，公布宪法17条，巩固了倭王政权。由于大陆金属工具和先进手工业产品及技术的传入，特别是拥有先进生产技术和知识的大陆移民的进入，使大和国家的农业经济和手工业生产得到迅速发展，为大化改新创造了条件。645年，中大兄皇子等灭苏我氏，另立天皇，迁都难波（今大阪），开始一系列改革，并制定飞鸟净御原令等法律，部民制解体，律令国家出现。

对外关系方面，4世纪中叶以后，曾对朝鲜半岛南部进行政治和军事扩张。6世纪中叶退出。大和国家屡次向中国东晋和南朝的宋国派出使节，接受其封号以增强对外影响。中国史书记载，向宋国派出使节的倭王是赞、珍、济、兴、武。有人将其比做仁德、反正、允恭、安康、雄略五代天皇。倭王武向宋帝上表自称："使持节都督倭、百济、新罗、任那、加罗、秦韩、慕韩七国诸军事、安东大将军、倭王。"刘宋顺帝削去百济，改为六国，其余爵号照封。

大和国是以近畿大和地方为中心形成的，至大化改新时，今关东

北部以南已逐渐纳入其统治之下。大和国王武在中国刘宋昇明二年（478）致顺帝书中，提及"自昔祖祢，躬擐甲胄，跋涉山川，不遑宁处。东征毛人五十五国，西服众夷六十六国，渡平海北九十五国"，大体反映出其国家的形成过程。但由于邪马台国的地理位置问题一直存在争论，加之有关大和国的文献记载不多，大和国的形成及社会组织等问题尚多有不明之处。

法兰克王国

5世纪末至10世纪末由法兰克人在西欧建立的封建王国。法兰克人是日耳曼人的一支，3世纪定居于莱茵河下游地区，主要有萨利克与里普阿尔两大部族，处于原始氏族部落社会阶段。随着罗马帝国的衰落，法兰克人逐步渗入高卢东北部。481年，克洛维继位萨利克部落酋长后，开始全力向高卢扩张，消灭了法兰克其他酋长势力。486年击溃西罗马在高卢的残余势力，占领高卢大部分地区，建立了墨洛温王朝，以巴黎为首都。部落贵族与亲兵成为封建主，一般法兰克人则成为农村公社中的自由农民。当地的高卢罗马贵族、罗马教会、隶农、奴隶与散居的自由农民依然存在，他们与法兰克人逐渐融合。5世纪末至6世纪初编纂的《萨利克法典》反映了当时的社会状况。496年法兰克统治阶层皈依了基督教，得到高卢罗马人的大力支持。

法兰克王室采取国王死后诸子平分领土的继承制度，使王国经常处于分裂、混战和再统一的反复过程中，同时又不断向外扩张。贵族与教会的土地、财富增加，而自由农民不断破产，被迫以放弃土地和人身自由等形式投靠教会和显贵，变为依附农民和农奴，与原有的隶农和奴隶处于类似地位。封建主势力的强大削弱了王权，王国权力逐步落入掌握宫廷事务的宫相之手。

8世纪前半期，宫相查理·马特出于加强统治和进行征战的需要，推行军事采邑制，初步奠定了封建等级制度的基础。732年在普瓦提埃战役中击败阿拉伯人，阻止其向西欧的进一步扩张。733年迫使勃艮第称臣，734年又征服弗里西亚人。751年，查理·马特之子矮子丕平废墨洛温王朝国王自立，建立加洛林王朝。丕平重视与罗马教皇修好，教会势力也因之加强。查理大帝统治期间，连年征战，法兰克王国成为统治西欧大部分地区、包括多种部族的大帝国。法兰克王国遂称为"查理曼帝国"。查理大帝颁布的《庄园敕令》，反映了当时封建社会的发展状况。封建领地以农业与手工业相结合的庄园为基本单位。庄园以自给自足的自

法兰克军队攻入帕维亚城（774）

然经济为主，商品经济十分微弱。查理大帝加强了各级教会组织，命令全体臣民服从罗马教会，为其提供土地财产并交纳什一税。他还在文化教育方面加强罗马教会在西欧思想文化领域的统治地位。

由于境内各地区间缺乏经济和文化上的联系，封建主割据势力强大，查理大帝死后不久，帝国陷于混战。843年《凡尔登条约》签订后分裂为东、西、中三个王国，并分别于911年、987年、887年覆灭。法兰克王国在日耳曼人所建国家中时间最久，对西欧封建制度的发展和罗马教会在西欧统治地位的巩固起了重大作用。

勃艮第王国

5世纪初勃艮第人在西罗马帝国境内高卢东南部建立的日耳曼国家。勃艮第人原住波罗的海南岸波恩荷尔姆岛，后移至维斯杜拉河下游。5世纪初进抵莱茵河，活动中心在沃姆斯一带。443年以西罗马帝国"同盟者"的身份居住在萨伏依。约457年占据罗讷河和索恩河流域，以里昂为首都，建立勃艮第王国。勃艮第国王贡迪奥克死后，诸子争位。贡都巴德（474—516年在位）杀其弟希尔佩里克而占有王位。500年，其另一弟戈迪吉塞尔唆使法兰克国王克洛维攻打贡都巴德。乌什河一战，贡都巴德战败，被迫向克洛维纳贡。不久贡都巴德恢复实力，停止向法兰克王国纳贡，并杀戈迪吉塞尔，成为勃艮第唯一的国王。

贡都巴德对高卢—罗马居民采取宽容政策。他以拉丁文颁布贡都巴德法典，为勃艮第人和罗马人所通用；又颁布勃艮第罗马法典，专为罗马人使用。勃艮第人原信基督教的阿里乌派，但对罗马教会友好相待。贡都巴德之子西吉斯蒙德在位时（516—524），勃艮第人皈依罗马教会。523年法兰克人进军勃艮第，西吉斯蒙德战败被俘，524年被杀。534年勃艮第王国为法兰克王国所灭。

阿拉伯古国

公元7世纪30年代统一的阿拉伯国家出现以前，在阿拉伯半岛相继产生的古代国家。主要有马因王国、萨巴王国、希木叶尔王国、纳巴泰王国、巴尔米拉王国、希拉王国和安萨王国。

马因王国 约建于公元前12世纪，兴盛于公元前8—前3世纪之间。建于焦夫地区，以盖尔诺为首都，曾统治奈季兰到哈德拉毛大片地区。

萨巴王国 存在于公元前8世纪至前115年，兴盛于马因后期。以马里卜为首都。《古兰经》提到萨巴称："萨巴人居住之地，有真主的奇迹，两座花园，分立左右。"所谓两座花园，形容萨巴农业兴旺，遍地禾苗。马里卜位于萨那东60英里，为交通要枢。萨巴人曾建马里卜水坝，工程巨大，技术高超；其较古部分约建于公元前7世纪中叶。萨巴人从事商业与农业。贸易范围，东至印度，西至埃塞俄比亚，北至埃及、叙利亚等地。萨巴还是中国和西方贸易的中转站。王国曾派兵驻守半岛北部绿洲，以保持商道畅通。萨巴末期，国内动乱，水利失修，土地荒芜，海上贸易转入希腊、罗马人之手，经济、政治趋于衰落。公元前115年为希木叶尔王国取代。

希木叶尔王国　约存在于公元前115至公元525年。疆土占也门大部地区，首都萨尔瓦哈。居民从事农业与商业。对外贸易的发展，促进了也门的繁荣。希木叶尔人建筑了富丽的宫殿和庙宇。萨那附近的卡木丹宫，建于1世纪，525年埃塞俄比亚人攻占也门时被毁。希木叶尔末代国王祖·诺瓦斯是历史上有名人物，其事迹散见于阿拉伯早期诗文。他原奉基督教，后改奉犹太教，并强迫居民改教，居民不从，遂于524年血洗奈季兰城，屠杀基督教徒。拜占廷帝国为垄断海上贸易交通，借口保护基督教徒，怂恿埃塞俄比亚出兵，于525年攻占也门，希木叶尔王国亡，祖·诺瓦斯不知所终。

纳巴泰王国　纳巴泰人是阿拉伯游牧部族，前6世纪始见于历史。早期流动于今约旦西部，后东进，夺取皮特拉城，逐渐定居。从事农业和商业。前312年，两次击退来犯的叙利亚人，进而扩大疆土。纳巴泰国王哈利思四世时代（公元9—28），国势兴盛。国土包括整个巴勒斯坦、约旦东部、叙利亚东南部以及阿拉伯半岛，以皮特拉为首都。105年，纳巴泰王国被罗马皇帝图拉真击败，置为罗马东方行省。皮特拉继续为西亚至埃及的商业枢纽，直到4世纪。

纳巴泰人使用阿拉伯语言，用阿拉米字母拼写自己的语言。这种语言后来演变为阿拉伯人的标准语言，亦即《古兰经》所用的语言。

巴尔米拉王国　"巴尔米拉"为古城名，阿拉伯人称为"台德木尔"。位于叙利亚大沙漠北部，大马士革东北160英里。前2—前1世纪，罗马与波斯发生战争，西亚地区动荡不安。巴尔米拉人乘机占领叙利亚，垄断西亚商道。巴尔米拉城发展为商业要冲。260年罗马皇帝P.L.V.E.加列努斯承认巴尔米拉，封其统治者S.奥登纳图斯为"东方总督"。巴尔米拉王国继纳巴泰王国之后，称霸西亚。王国经济繁荣，文化灿烂。奥登纳图斯死后，其子继位，遗孀芝诺比娅（阿拉伯人称为宰伊奈白）掌权、国势日盛，版图南至埃及，北达小亚细亚。芝诺比娅女王名盛一时。273年，罗马皇帝 L.D. 奥勒利安进军灭之，毁巴尔米拉城。巴尔米拉王国沦为罗马属地。633年为阿拉伯人攻占。

希拉王国 远在公元前，南部阿拉伯人沿阿拉伯半岛东岸北上，迁到两河流域，自称为唐努赫人。242年，波斯萨珊王朝国王沙普尔一世（241—272年在位），利用边境阿拉伯人在幼发拉底河畔建立了希拉王国。"希拉"原为村镇名，后扩建为城，定为首都，位于巴格达与巴士拉之间。统治希拉王国的家族属唐努赫部族中的赖赫米族，故希拉王国又称为"赖赫米王国"。居民操阿拉伯语，奉基督教。希拉地区土地肥沃，物产丰富。希拉人成为波斯人与半岛内地阿拉伯人的交流媒介，从而促进了波斯人与阿拉伯人之间的经济、文化和宗教等方面的交流。伊斯兰教兴起后，阿拉伯人于633年攻占希拉王国。

安萨王国 "安萨"是南部阿拉伯部族名。3世纪末，安萨人北迁到叙利亚南部豪兰地区，流动于叙利亚南部、约旦东部及巴勒斯坦等地，没有固定首都。其历史及国王世系模糊不清。安萨人操阿拉伯语和阿拉米语，奉基督教一性派，受叙利亚文化的影响极大，对基督教传入阿拉伯半岛南部起过重要作用。5世纪进入拜占廷势力范围。伊斯兰教兴起后，阿拉伯人向叙利亚扩张，安萨人与拜占廷军队并肩作战。至636年为阿拉伯人征服。末代国王迦百列·艾伊赫木改奉伊斯兰教。

萨曼王朝

中亚地区的一个封建割据政权（895—1005），其王称"异密"（现称埃米尔），名义上尊奉阿拉伯帝国阿拔斯王朝哈里发。主要领土在今乌兹别克斯坦南部和土库曼斯坦东南部、伊朗东北部、阿富汗西北部一带。首都布哈拉。该王族出自波斯萨珊王朝贵族，一说为嚈哒人后裔。原居巴里赫附近，世任村主，信奉祆教，8世纪上半叶始改奉伊斯兰教，属逊尼派。最先改教者名萨曼，家族遂以为称。萨曼之孙艾哈迈德等4人效忠于哈里发麦蒙，参与平定腊菲之乱有功，于回历204年（818／819）被分别擢为撒马尔罕、费尔干纳、柘支（今塔什干）与赫拉特城主。后河中地区尽归艾哈迈德所有，其子纳斯尔·伊本·艾哈迈德于895年受封

于哈里发穆太米德，正式成为藩王，是为萨曼王朝之始。

纳斯尔以撒马尔罕为中心，命其弟伊斯梅尔·伊本·艾哈迈德统治布哈拉。伊斯梅尔颇得民心，893年成为纳斯尔的继承人和萨曼王朝的真正创业者。他于900年灭萨法尔王朝，取得呼罗珊地区统治权，后又陆续征服中亚地区许多独立的小邦。势力远及怛罗斯、花剌子模、陀拔斯单与古尔干等地。他在内政上亦以贤明著称，建立了一套严密的国家机构和一支由突厥奴隶组成的禁卫军。在当地民间传说与后代史籍中被誉为宽仁、公正、笃信伊斯兰教、尊崇学术的理想化君主。伊斯梅尔以后，萨曼王朝不再重视中亚地区而重视伊朗东部。至其孙纳斯尔二世时，王室内部及境内多次发生叛乱，均被平息。纳斯尔二世先后任用贾伊汉尼和柏莱密二人为相，在政治上颇多建树，同时大力奖掖学术，文化事业昌盛，为萨曼王朝的黄金时代。但从这时起，伊朗西南部信奉什叶派的

布韦希王朝崛兴，长期威胁萨曼王朝西境的安全；呼罗珊地区叛乱频仍。王朝后期，多数异密即位时年幼，形成傀儡，大权落于长期任高级将领的突厥军人之手。境内四分五裂，赋税苛重。适其时中国西北葛逻禄与回鹘部落所建立之喀拉汗王朝兴起，屡次击败萨曼王朝；同时，阿姆河以南又逐步为突厥人建立之伽色尼王朝占夺。至阿卜杜勒·马利克二世即位时，国土穷蹙，民心尽失。喀拉汗纳斯尔遂于999年未遇任何抵抗而攻陷布哈拉城，马利克二世及其弟伊斯梅尔被俘。伊斯梅尔旋逃奔花剌子模，曾一度夺回布哈拉与撒马尔罕，但终被击溃，逃往谋夫，于1005年被当地阿拉伯部落酋长所杀。萨曼王朝遂告灭亡。

萨曼王朝在名义上始终称臣于巴格达之哈里发，铸造钱币上用哈里发与萨曼异密二人的名字。虽不向哈里发交纳贡税，但有奉献，也随时报告其军政事务。在行政制度上亦仿效哈里发朝廷。其地方政府与中央政府颇为类似，具体而微；有些地方政府并不直属异密，而由当地君主统治，与布哈拉之藩属关系各不相同。萨曼王朝经常掳掠北方草原上游牧的突厥人为奴，并大批转卖于阿拉伯帝国各地，由于垄断这种贸易而发财致富。境内突厥奴日益增多，充斥各界。宫廷中设有专门训练突厥奴的学校，突厥奴可以担任军政要职，终至掌握国家大权。这一制度此后在中亚地区成为长期沿袭的传统。萨曼王朝通行波斯语，政府中以波斯文为官方文字，在宗教生活方面则使用阿拉伯语文。在该王朝发达的文化事业中，突出的特征之一即波斯语的复兴运动，但这时的波斯语已深受阿拉伯语文和伊斯兰教的影响。在纳斯尔二世时，各方学者云集于布哈拉，此地收藏大量图书，成为伊斯兰世界最大的文化中心。出现许多著名的天文学家、地理学家、史学家、诗人、宗教作家等，其中尤以诗人鲁达基、医学家阿维森纳和集数学家、天文学家、地理学家为一

身的花拉子米最为有名。

中国古代文献中鲜少提及萨曼王朝，但在阿拉伯文献中却有两处提到萨曼王朝与中国皇室通使和联姻之事，其所指可能是于阗大宝国王李圣天或甘州回鹘可汗。

基辅罗斯

9世纪中叶至12世纪初在东欧平原上建立的以基辅为首都的早期封建国家，又称"古罗斯"、"罗斯公国"，或"罗斯国"。

8—9世纪，东斯拉夫人社会阶级分化日益扩大，各部落之间互相攻伐，战争不断，客观上要求建立国家组织。862年，瓦朗几亚人军事首领留里克率领亲兵队在诺夫哥罗德登上王公宝座，建立了第一个罗斯王国。同时，另外两个军事首领阿斯科德和迪尔也在基辅建国。

879年留里克去世，奥列格继任王公，率领亲兵队沿"瓦希商路"（"从瓦朗几亚人到希腊人之路"）南征，占领斯摩棱斯克和波洛茨克等战略要地。882年占领基辅城，杀死阿斯科德和迪尔，把罗斯国的首都迁到基辅，开始了基辅罗斯公国时期。882—911年奥列格又征服了周围的部落，形成以东斯拉夫人为主体的国家。在奥列格（879—912）、伊戈尔（912—945）、奥尔加（945—969）和斯维雅托斯拉夫一世（969—972）4任公爵在位期间，多次进攻君士坦丁堡，迫使拜占廷帝国签订了4个商业性条约（907、911、944、972），保障了罗斯人在拜占廷的商业权益。斯维雅托斯拉夫在进攻保加利亚、征服多瑙河下游后，欲把首都迁至佩列亚斯拉夫利，因遭拜占廷和当地人民反对未能得逞。972年他在撤兵返回罗斯途中遭佩切涅格人伏击身亡。斯维雅托斯拉夫的儿子弗拉基米尔一世统治时期（980—1015），罗斯国达到鼎盛，成为东欧强国。

弗拉基米尔一世娶拜占廷公主安娜为妻，并于988—989年宣布基督教为国教，强令全体居民接受希腊正教神甫的洗礼，促进了基督教文化在罗斯的发展。

基辅地区的东斯拉夫人（主要是波利安人）很早就经营农业。在智者雅罗斯拉夫统治时期（1015—1054），封建大土地所有制有所发展，剥削日益加重，国内阶级斗争日趋激烈。为保护封建主阶级的利益，雅罗斯拉夫于11世纪30年代编修《古罗斯法典》（又称《雅罗斯拉夫法典》），规定对破坏田界、盗窃牲畜、纵火焚烧田庄者或处以罚金，或抄家没收财产，或全家驱逐出境，或没身为奴等。

基辅罗斯的城市出现得较早，最古老的有诺夫哥罗德、基辅、切尔尼戈夫、佩列亚斯拉夫利、斯摩棱斯克、波洛茨克、普斯科夫等。首都基辅是罗斯的政治、经济和文化中心，建有拜占廷式的圣索菲亚教堂和世界闻名的彼舍拉（山洞）修道院。手工业有冶铁、金属加工、武器制造、制革、制陶等。

雅罗斯拉夫死后，他的3个儿子共同执政。随着各地大贵族势力的增强及地方自然经济的发展，统一的国家政权日趋

基辅罗斯对保加尔人的战争（上图：基辅大公率军前进；下图：969年基辅罗斯征服多罗斯达）

瓦解，逐渐分裂为许多独立的地方公国。12世纪初，弗拉基米尔二世·莫诺马赫（1113—1125年在位）曾企图恢复基辅罗斯的统一，但未能实现。12世纪30年代以后，统一的罗斯国家已不复存在，罗斯历史进入封建割据时期。13世纪初臣服于蒙古金帐汗国，1478年为莫斯科大公国所灭。

神圣罗马帝国

中世纪欧洲封建帝国。962年，德意志国王、萨克森王朝的奥托一世在罗马由教皇约翰十二世加冕称帝（962—973年在位），成为罗马的监护人和罗马天主教世界的最高统治者。从1157年起，帝国被称为"神圣罗马帝国"。帝国极盛时期的疆域包括近代的德意志、奥地利、意大利北部和中部、捷克斯洛伐克、法国东部、荷兰和瑞士。1806年为拿破仑一世所灭亡。

帝国统治者以罗马帝国和查理大帝的继承者自命，对外大肆扩张，对内则以农奴制和依附农制的形式剥削农民。11—12世纪，神圣罗马帝国皇帝同罗马教皇为争夺主教续任权发生激烈斗争，这不仅是争夺教会控制权的斗争，也是中央王权同地方封建分离主义势力的斗争。尽管如此，在整个中世纪，帝国和教会在维护封建制度方面，始终紧密合作。帝国统治者为称霸世界，多次入侵意大利，旷日持久的战争消耗了帝国的实力。霍亨施陶芬王朝统治时期，中央权力衰落，国内各地缺乏经济联系，帝国成为承认皇帝最高权力的各封建公国和自由市的不巩固的联盟。1254—1273年是德意志历史上的空位时期。这个时期，各诸侯、骑士和城市间的纷争和内讧连绵不断。13世纪末，帝国出现许多独立的封建领主，皇帝对其直辖领地外的封建诸侯没有管辖权。1356年，查理四世颁布《金玺诏书》，确认皇帝须由七大选侯推选。从 15 世纪初起至帝国最终瓦解，皇位均由奥地利哈布斯堡家族占据。15 世纪下半叶后，由于勃艮第和意大利脱离帝国，其领土主要限于德语地区。1474 年起，帝国被称为"德意志民族神圣罗马帝国"，已成为徒具虚名的政治组合。

15 世纪末 16 世纪初，皇帝马克西米利安一世试图重振帝国，遭到失败。由于罗马天主教和德国封建统治者对农民和市民的剥削和压迫日甚，16 世纪初爆发宗教改革和德意志农民战争，农民战争是宗教改革运动的顶点。宗教改革后，帝国实际上分裂为信奉新教的北部、主要信奉天主教的西南部及纯粹信奉天主教的东南部。地方诸侯和皇室中央政权的斗争在三十年战争中达到顶点。战争使帝国遭受严重破坏，阻碍了帝国经济的发展，国家在政治上分崩离析，皇帝徒具虚名，各邦诸侯拥有完全自主权。战后，荷兰和瑞士脱离帝国，勃兰登堡－普鲁士在德意志诸侯中的地位提高，形成奥地利和普鲁士在帝国中争霸的局面。1804 年拿破仑一世自立为法兰西皇帝，要求取得由神圣罗马帝国皇帝在欧洲各国君主中占有的优先地位，并在战胜第 3 次反法联军后，于 1806 年 7 月建立依附于他的由宣布脱离帝国的 16 个德意志邦组成的莱茵联邦，迫使弗兰茨二世在同年 8 月 6 日放弃神圣罗马帝国皇帝称号，神圣罗马帝国彻底瓦解。

神圣罗马帝国皇帝奥托一世的王冠

佛罗伦萨共和国

意大利中部城市国家，成立于1187年，1569年被托斯卡纳大公国取代。该共和国是欧洲文艺复兴运动的中心，在意大利发展史上占有重要地位。

历史概况 佛罗伦萨原为罗马帝国殖民点，公元5世纪末臣服于东哥特王国，6世纪中叶为拜占廷帝国统治，6世纪下半叶被伦巴德王国征服，8世纪末并入法兰克王国。962年起隶属神圣罗马帝国。1115年成为独立的城市公社。12世纪下半叶建立市政领导机构。1187年击败神圣罗马帝国皇帝亨利六世，获自治权，成为独立的城市共和国。14世纪开始对外扩张，先后征服皮斯托亚、沃尔泰拉和阿雷佐。15世纪初又征服比萨，获得经阿诺河到地中海的出海口，成为托斯卡纳地区霸主。1434年美第奇家族夺取政权，建立僭主政治。1494年法国侵入佛罗伦萨，美第奇家族被逐。1569年美第奇家族依靠西班牙支持，建托斯卡纳大公国，以佛罗伦萨为首府，共和国历史结束。1739年起被奥地利统治。1860年并入撒丁王国，1861年成为意大利王国的一部分。1865—1871年曾是意大利临时首都。

经济 佛罗伦萨的商业、手工业，尤其是毛纺织业发达，铸币业亦相当兴盛，自铸货币佛罗林流通欧洲，13世纪初出现由银钱商和纺织业主控制的行会组织，包括羊毛商、丝绸商、呢绒场主、毛皮商、银钱商、律师、医生等7个大行会（肥人）和铁匠、泥瓦匠、鞋匠等手工业者组成的14个小行会（瘦人）。14世纪30年代，佛罗伦萨的纺织业由传统的行会生产转变为工场手工业，这是欧洲最早出现的资本主义萌芽。1336—1338年，佛罗伦萨有200多家呢绒纺织工场，生产过程细分为20多道工序，年产 7 万～8 万匹呢绒，价值达 120 万金佛罗林。大行会中的部分成员演变成早期资产阶级，而破产的师匠、帮工、学徒及失掉土地后涌入城市的农民则成为早期雇佣工人阶级。14 世纪后，佛罗伦萨成为欧洲最大的金融中心，其银行家有代教廷收税的权力。由于佛罗伦萨工商业主要依靠国外市场，15 世纪末新航路的开辟及英国抵制呢绒进口的政策，使佛罗伦萨的纺织业走向衰落。16 世纪末工商业资本大量转向土地投资，大批失业工人向农村倒流。农村中对分制租佃关系中的封建成分增多，农民生活状况恶化。

国家政权 佛罗伦萨的政权建立初期被城市贵族（格兰德）操纵，归尔甫党和吉伯林党彼此争斗不已。1282 年取缔原市政机构，建立执政团。执政团由 8 人组成，平民贵族皆可当选。1293 年 G.della 贝拉任执政，颁布《正义法规》，剥夺格兰德担任执政的权利。法规规定，由大行会代表 7 人和小行会代表 2 人组成的长老会议是最高权力机关。其首领名为正义旗手，同时又是城市自卫军指挥官。此后，共和国向民主政体发展。但实际上执政团完全操纵在七大行会手中，雇佣工人完全被排斥在政权之外，在大行商的专横压迫和残酷剥削下，雇佣工人（又称褴褛汉）的经济政治状况十分悲惨。1378 年 7 月 21 日爆发的梳毛工人起义打击了肥人政权，推动了民主进程。15 世纪初，中下层肥人进入执政团的比例比起义前增多。为维护上层肥人的利益，佛罗伦萨开始走向肥人寡头政治，其典型代表是大富豪阿尔毕齐和美第奇家族的统治。

文化艺术 佛罗伦萨是欧洲文艺复兴的发源地和中心，诗歌、绘画、雕刻、建筑、音乐均有突出成就。产生过诗人但丁、彼特拉克，作家薄伽丘，画家达·芬奇，雕刻家米开朗琪罗，历史与政治理论家马基雅维利、瓦拉以及天文学家伽利略等历史巨人。他们歌颂世俗以蔑视天堂，标榜理性以取代神启，肯定"人"是现世生活的创造者和

享受者。其作品和理论至今仍是人类文化宝库中的珍品。

斯图亚特王朝

斯图亚特家族在苏格兰和英国建立的王朝。斯图亚特家族起源于法国的布列塔尼。12 世纪初迁居英国后，该家族一成员被苏格兰国王任命为宫廷总管"斯图亚特"，并世代继承这个职务，渐成其姓。14 世纪初，该家族的瓦尔特和苏格兰国王罗伯特一世之女结婚。其子在 1371 年继承罗伯特一世成为苏格兰国王，即罗伯特二世，由此开始斯图亚特王朝对苏格兰的统治。1503 年斯图亚特王朝的詹姆斯四世与英国国王亨利七世之女结婚。其后裔斯图亚特王朝的詹姆斯六世在 1603 年继承英国王位，是为英王詹姆斯一世（1603—1625 年在位），斯图亚特王朝开始统治英国。詹姆斯一世之子查理一世（1625—1649 年在位）被英国资产阶级革命送上断头台，英国成为没有国王和上院的共和国。1660 年，斯图亚特王朝复辟。继查理二世统治的詹姆斯二世企图在国内恢复天主教并迫害清教徒，引起广泛不满，发生"光荣革命"。詹姆斯二世逃离英国。信奉新教的荷兰奥兰治亲王威廉（威廉三世，1689—1702 年在位）和他的妻子玛丽（玛丽二世，1689—1694 年在位）应邀前来统治英国。他们死后无嗣。根据英国议会 1701 年通过的《嗣位法》，王位由詹姆斯二世另一个女儿、玛丽的妹妹安妮继承（1702—1714 年在位）。1714 年安妮女王去世，亦无嗣。王位传给斯图亚特家族的远亲，汉诺威的乔治。1714 年，乔治一世即位，汉诺威王朝取代斯图亚特王朝。斯图亚特家族的男性后裔詹姆斯·爱德华（"老王位觊觎者"）和查理·爱德华（"小王位觊觎者"）曾先后聚集力量，企图武力夺取王位，均告失败。1807年，斯图亚特家族最后一男性后裔红衣主教约克公爵亨利去世，无嗣。斯图亚特家族的世系至此断绝。

金雀花王朝

12—14世纪统治英国的封建王朝，又称安茹王朝。1154年由亨利二世开创。王朝名称的由来，一说亨利二世的父亲安茹伯爵杰弗里常在猎场上种植金雀花，或云他经常在帽子上饰以金雀花枝，故有此名。除英国本土外，该王朝在法国的安茹、诺曼底、布列塔尼等地拥有大量领土，史称"安茹帝国"。

亨利二世倚靠城市支持，加强王权，扩大国王法庭的司法权限，推行陪审制取代神判法。国王法庭活动的加强，导致形成全国统一的普通法。但国王法庭不保护农奴，由此确定了自由人与农奴的鸿沟。他还进行军事改革，实施盾牌钱制度，加强国王的军事力量。狮心王理查一世（1189—1199年在位）参加第3次十字军东征，长期在外作战，征敛繁多，招致贵族不满。无地王约翰（1199—1216年在位）即位后，与贵族的冲突愈演愈烈，引起贵族反抗，被迫接受《大宪章》。亨利三世统治时期（1216—1272）封建经济繁荣，骑士阶层多转向经营土地，在政治斗争中崭露头角。他即位初年，曾多次重新承认《大

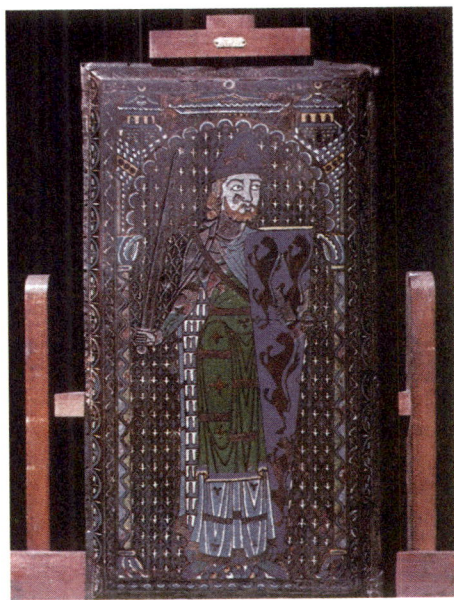

金雀花王朝时期的墓碑

063

宪章》，表示接受贵族监督。后因向教皇献纳过多，又任用法国封建贵族执政，引起英国贵族反对。1258 年贵族武装集会，强迫国王实行改革。是年 6 月，亨利三世被迫接受《牛津条例》，组织 15 人会议，非经会议同意，国王不能做出任何决定。不久，反对派阵营分裂，他乘机否认《牛津条例》，内战爆发。1264 年 5 月 14 日刘易斯战役中，国王及王子被以 S.de 孟福尔为首的贵族俘获。1265 年孟福尔召集贵族、骑士、城市市民集会议事，是为英议会之始。同年 8 月孟福尔兵败被杀。亨利三世恢复王位。爱德华一世（1272—1307 年在位）制定了一系列法令，保障封建主利益。如 1279 年《教产法》规定，如无国王同意，土地不能转为教产。1290 年《买地法》规定，封臣得以代替方式自由转移封土，从此不能再创立新的封土，是为封土制瓦解之始。他倚靠骑士、市民等加强王权，1295 年召集的议会被称为"模范议会"。1297 年他颁布

《宪章的追认》文件，确认无议会同意国王不得征税的原则。14 世纪起英国封建经济走向衰落，封建贵族收入减少，派别斗争更加激烈。爱德华三世在位期间（1327—1377），为争夺在法国的领地，挑起百年战争。战争使英国贵族从大陆掠得大批财富，但加剧了英国农民的痛苦。不久爆发瓦特·泰勒起义。理查二世（1377—1399 年在位）统治时，贵族斗争不断。1399 年他被兰开斯特家族的亨利废黜，金雀花王朝至此结束。

立陶宛大公国

13—16世纪东欧封建国家。13世纪前期，明多夫格（1230—1263年在位）统一立陶宛各部落，在涅曼河下游地区建立了早期封建国家。13世纪末至14世纪兼并白俄罗斯、乌克兰和罗斯的西部领土，建都维尔诺（今维尔纽斯）。此时受到日耳曼人条顿骑士团的侵略和莫斯科公国的袭扰。波兰和立陶宛为了对付威胁国家安全的共同敌人，保持和扩大在罗斯地区领土而日益接近。1385年8月，两国在维尔诺近郊的克列沃村签订条约。后通过立陶宛大公瓦迪斯瓦夫二世·亚盖洛（1351—1434）与波兰女王雅德维佳联姻并加冕为波兰国王的方式，使立陶宛和波兰联合，史称"克列沃联合"。此后，立陶宛大公国与波兰王国保持着时松时紧的国家联盟，立陶宛在联盟中保留着很大的独立性。两国联合，既有利于促进立陶宛经济文化的发展，也有利于两国从条顿骑士团国家手里收复波罗的海沿岸失地。但是，这一联合也使波兰卷入了立陶宛和莫斯科公国之间的长期冲突，并促使波兰贵族向东扩张。

1569年7月，波兰与立陶宛在卢布林重新签订联盟条约，规定两国有一个共同的议会、共同的选王制和执行一致的对外政策，原来属于立陶宛的乌克兰地区直接并入波兰版图，史称"卢布林合并"。从此两国正式合并。18世纪中期以后，随着波兰国势急剧衰落和沙皇俄国瓜分波兰，立陶宛为沙俄所兼并。

奥斯曼帝国

奥斯曼土耳其人建立的军事封建帝国（1299—1922），以伊斯兰教为国教。

奥斯曼帝国的崛起 土耳其民族源于中亚西突厥乌古斯人的游牧联盟。11世纪下半叶以塞尔柱人为首的突厥部落开始征服并迁居小亚细亚各地，建立了罗姆苏丹国等政治实体。乌古斯人与小亚细亚原有居民希腊人等逐渐融合，开始了土耳其民族形成的历史过程。13世纪30年代，乌古斯人卡伊部落首领埃尔托格鲁尔从罗姆苏丹处获得小亚细亚西北部的封地瑟于特（布尔萨与比累季克之间），瑟于特遂成为奥斯曼帝国的发祥地。埃尔托格鲁尔之子奥斯曼一世蚕食拜占廷领土，并于1299年自称埃米尔，宣布独立，建立以其名命名的奥斯曼

国家。奥斯曼之子奥尔汉统治时期（1326—1360）奥斯曼土耳其人开始进行扩张，势力达于马尔马拉海以及加利波利半岛。奥尔汉之子穆拉德一世（1360—1389年在位）进军东南欧，定都埃迪尔内。巴耶塞特一世（1389—1402年在位）征服多瑙河以南的巴尔干地区，初步统一了小亚细亚各突厥人公国。此后巴塞耶特一世诸子为争夺王位进行混战，直至1413年穆罕默德一世即位。

1451年穆罕默德二世即位后，立即准备进攻君士坦丁堡，1453年灭亡了延续千年之久的拜占廷帝国。君士坦丁堡（后改称伊斯坦布尔）成为奥斯曼帝国的新都。穆罕默德二世制定法典，完善帝国的行政管理制度，对非穆斯林臣民实行宗教团体自治的米勒特制度，从而巩固了统治，增强了向外扩张的实力。西帕希（蒂马尔领主）封建骑兵和耶尼切里步兵是向外扩张的主要军事力量。谢利姆一世（1512—1520年在位）东征伊朗，在恰尔

德兰击败萨非王朝的军队（1514）；嗣后又扫平马木留克王朝而称霸于叙利亚和埃及。奥斯曼苏丹戒为伊斯兰世界的首脑——哈里发。谢利姆二世在位期间（1524—1574），曾征服塞浦路斯，击败西班牙、威尼斯和教皇的联合舰队。苏莱曼一世继续向外扩张，先后6次出征匈牙利，围攻奥地利维也纳（1529），数次远征伊朗，夺取巴格达（1639）。奥斯曼军事封建帝国极盛时，领土北面从奥地利边界直至俄国境内，西界非洲摩洛哥，东讫亚洲高加索和波斯湾，南境一直伸入非洲内地，囊括今欧、亚、非近40个国家和地区的领土，面积约600万平方千米。

奥斯曼帝国的衰落与覆灭　苏莱曼一世后的200多年间，奥斯曼帝国渐趋衰落。16世纪末叶，蒂马尔制开始解体，西帕希的军事重要性下降；耶尼切里军纪涣散，政治地位日高，擅揽大权。17世纪，地方开始形成新的封建主阶层——阿扬，加强了帝国的封建分散性。帝国在对外战争中连遭败北，1683年远征维也纳以惨败告终，1699年被迫签订割地的《卡尔洛维茨和

奥斯曼帝国与威尼斯的勒班陀海战（1570—1573，绘画）

约》。西方列强乘机攫取各种特权。帝国内部矛盾十分尖锐。18世纪末的两次俄土战争，充分暴露了帝国的虚弱本质。巴尔干被压迫民族谋求独立的起义，也加速了帝国的瓦解进程。为摆脱危机，谢利姆三世推行"新制"改革，仿照欧洲建立一支新军。1807年5月耶尼切里兵团发动叛乱，废除"新制"。1826年6月苏丹马赫穆德二世歼灭耶尼切里兵团，重建新军；还废除蒂马尔制，开设军校，提倡世俗教育，整顿税制。土耳其在俄土战争（1828—1829）、两次土埃战争（1831—1833，1839—1841）中的失败，1839年英、法、俄、奥、普五国联合干预土埃冲突，促使帝国政治家进一步推行改革，谋求巩固封建统治。1839年11月苏丹阿卜杜勒迈吉德一世（1839—1861年在位）颁布《坦齐马特敕令》，宣布帝国臣民不分宗教信仰一律平等，其生命、财产、名誉均受保障等原则。在穆斯塔法·赖希德帕夏（1800—1858）领导下，推行了一系列改革措施。1856年阿卜杜勒迈吉德一世再次下诏，重申改革的决心。但这些改革收效甚微，而且扩大了西方列强在土耳其政治和经济上的影响。

克里木战争后，奥斯曼帝国对列强的政治经济依赖日益加强，阿拉伯和巴尔干地区的民族运动继续蔓延。一部分自由派人士认识到坦齐马特不足以救国，从19世纪60年代初起，逐渐形成了新奥斯曼人的君主立宪运动。1876年5月，具有革新思想的米德哈特帕夏等人发动宫廷政变，废黜苏丹阿

奥斯曼帝国军队攻打维也纳（1683，绘画）

卜杜勒·阿齐兹（1861—1876年在位）。同年8月，阿卜杜勒迈吉德一世之子阿卜杜勒哈米德二世继位。12月23日，即列强君士坦丁堡国际会议开幕当天，苏丹阿卜杜勒哈米德二世被迫颁布帝国第一部宪法。宪法规定实行两院制，全体穆斯林臣民一律平等，苏丹拥有任免大臣、统率军队、对外宣布媾和、召集或解散议会等权力。1878年2月，苏丹利用帝国在俄土战争（1877—1878）中失败之机，宣布解散议会，恢复了专制统治。立宪运动失败后，阿卜杜勒哈米德二世对内专制独裁，对外屈从帝国主义，使土耳其最终沦为西方列强的半殖民地。国家大片属地被列强肢解。

19世纪末，土耳其的社会经济发生变化。商品经济发展，民族资产阶级正在形成。资产阶级要求立宪自由和反对外国干涉的运动有了新发展，并逐渐与农民反封建斗争和少数民族解放运动相融合。1908年7月青年土耳其党人在马其顿发动革命，很快结束了阿卜杜勒哈米德二世的专制统治。青年土耳其党人执政后的经济、文化等政策，在某种程度上反映了资产阶级的愿望。工业奖励政策促进了城乡经济的发展。土耳其学社、土耳其人家园的活动促使民族意识的增长。由于历史、社会等原因，青年土耳其党人很快选择德、奥集团作靠山。1914年8月2日，即第一次世界大战爆发的第二天，奥斯曼帝国同德国秘密结盟，承担了对协约国作战的义务。1918年10月，奥斯曼帝国战败投降。1920年8月10日，协约国迫使苏丹政府在《色佛尔条约》上签字，奥斯曼帝国寿终正寝。在民族危亡关头，爱国军官凯末尔于1919年领导土耳其人民开展反对帝国主义和奥斯曼封建王朝的民族解放斗争，成立了全国性的保护权利协会及其领导机构代表委员会。1920年4月凯末尔在安卡拉召开大国民议会，正式成立了以他为首的政府。1922年9月土军击溃入侵的希腊军。1923年7月，

与英、法、德、日等国签订《洛桑条约》，从而获得了民族独立和领土完整。1922年11月废除苏丹制，1923年10月29日宣布成立土耳其共和国，凯末尔当选为首任总统。

金帐汗国

13世纪上半叶蒙古人建立的封建国家，因汗国统治者的帐顶为金色，故名。又称"钦察汗国"。为成吉思汗之孙拔都汗（1243—1255年在位）创建。版图东起鄂毕河下游和额尔齐斯河，西迄多瑙河下游，南临黑海、里海和咸海，北到诺夫哥罗德地区。首都萨莱－拔都（今阿斯特拉罕附近），14世纪前半期，迁往位于伏尔加河下游的萨莱－贝尔克（在今伏尔加格勒附近）。主要宗教是伊斯兰教。金帐汗国是个军事和行政联合体，缺乏内在的经济联系。封建国家向被征服的各族农民、牧民和手工业者征收繁重的租税和差役。土地和牲畜大多为蒙古贵族占有。乌兹别克汗统治时期（1313—1342）国势最盛。随着封建关系的发展、贵族力量的增强和战争的频繁，中央政权日益削弱，各族人民反抗蒙古统治的斗争动摇了汗国的基础。1380年，罗斯联军在库利科夫战役中打败蒙古军队，使金帐汗国更加衰败。15世纪上半叶，金帐汗国因内讧解体为喀山汗国、诺盖汗国、阿斯特拉罕汗国、克里木汗国、西伯利亚汗国。1480年俄罗斯人民摆脱蒙古贵族统治后获得独立。15世纪末，统一的金帐汗国已不复存在。喀山汗国、阿斯特拉罕汗国、西伯利亚汗国等于16世纪下半叶被俄国吞并。

帖木儿王朝

帖木儿及其后继者在中亚地区所建立的王朝。帖木儿在世时曾将领土分给子孙，并指定其长子只罕杰儿之子皮儿·马黑麻为嗣君。帖木儿去世后，其后裔争夺王位。皮儿·马黑麻因远在阿富汗，撒马尔罕遂为帖木儿的另一孙子哈里勒所夺据。皮儿·马黑麻率军前去争位，被哈里勒打败，退回阿富汗，后又被部下所杀。帖木儿第四子沙哈鲁以为皮儿·马黑麻报仇为名，进军河中，夺取王位。由此，原帖木儿王朝的所有领土，除西波斯以外，都由沙哈鲁统一起来。西波斯的帖木儿后裔不久被黑羊王朝所灭，而沙哈鲁所建立的王朝则享国较久。沙哈鲁命其长子兀鲁伯驻撒马尔罕镇守河中，自己则仍以赫拉特为首府，《明史》称之为"哈烈国"。沙哈鲁放弃其父帖木儿远征中国的战争，改变为同中国发展友好关系，同时采取措施恢复国家的繁荣，使首都赫拉特变成当时波斯文化的中心。在沙哈鲁当政时，伊朗、中亚同中国明朝之间，贡使往来连年不断，官私贸易十分活跃。1413 年，明朝曾遣中官李达、吏部员外郎陈诚等出使哈烈。陈诚返回后，撰写《奉使西域行程记》及《西域番国志》，记载沿途见闻。1419 年，沙哈鲁派遣以沙狄·火者为首的使团来中国。使团成员火者·盖耶素丁曾逐日记述沿途经历以及明朝的政治、经济、人物、风俗等情况，是为《沙哈鲁遣使中国记》，此书也是研究当时中亚史的重要史料。兀鲁伯曾几次进攻蒙兀斯坦（今中国新疆地区），占据喀什噶尔 20 余年。他又是一个学者、天文家。撒马尔罕成为当时学术文化中心之一。沙哈鲁死后，帖木儿朝大乱。在争位战争中，兀鲁伯被自己的儿子阿卜杜·拉迪卜所杀，而后者又被兀鲁伯的亲信杀死。河

中的政权最后落到米兰沙之孙卜撒因的手中。而呼罗珊地区则被帖木儿次子乌马儿·沙黑·米尔扎的后裔苏丹·侯赛因·拜卡尔所占据。沙哈鲁的帖木儿朝遂分裂为二。苏丹·侯赛因·拜卡尔仍以赫拉特为首府。苏非派首领和卓·阿赫拉尔控制河中地区。苏丹·侯赛因·拜卡尔在其同窗、埃米尔大诗人纳瓦

依的襄助下，治理国家，一时学者、文人云集，文化艺术得到高度发展。与之相比，河中地区文化科学相对地衰落。其文化是突厥－波斯式的，法律体系是突厥－成吉思汗式的，政治－宗教信条是蒙古－阿拉伯式的。1469年，卜撒因在伊朗西部同白羊王朝作战中，兵败被杀。以后，诸王子混战，陷于四分五裂，国势衰落。

这时，中亚东部和北部的蒙兀儿人、乌兹别克人、哈萨克人、柯尔克孜人和卫拉特人则强大起来，并积极地干预河中的事务。而互相争战的诸帖木儿后王则往往引他们为外援。1494年，卜撒因第四子、统治费尔干纳的乌马尔·沙黑及其长兄、占据撒马尔罕的苏丹·阿黑麻先后死去，继前者统治费尔干纳的巴布尔，继续同苏丹·阿黑麻的后继者争夺撒马尔罕。最后是

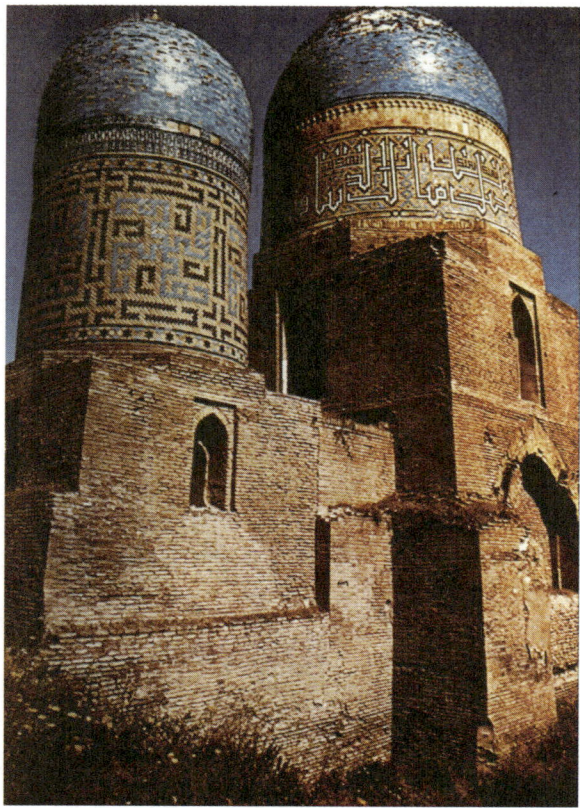
撒马尔罕的夏希詹寺庙

率乌兹别克人南下的昔班尼汗取得胜利。1501 年，灭掉河中帖木儿王朝。接着，又将巴布尔逐出费尔干纳。1507 年 5 月，昔班尼汗灭掉呼罗珊帖木儿王朝。河中地区形成由乌兹别克人建立的中亚诸汗国。

阿兹特克文明

中部美洲古代印第安人文明，因阿兹特克人而得名，主要分布在墨西哥中部和南部，形成于 14 世纪初，1521 年为西班牙人所毁灭。对其研究始于 18 世纪末。20 世纪后重点发掘了首都特诺奇蒂特兰城的遗址，对这一文明的文化、艺术、宗教等有了较多的了解。

发展简史 阿兹特克人又名墨西卡人、特诺奇卡人，其语言属犹他－阿兹特克语系。约 12 世纪末从墨西哥西北部进入安纳华克（墨西哥谷地），灭托尔特克文化，于 1325 年在特斯科科湖中的岛上开始建立特诺奇蒂特兰城。阿兹特克人定居后百余年里不断向外扩张。15 世纪上半叶，阿兹特克人与附近的特斯科科和特拉科潘两个部落结盟，建立起中美洲当时最为强大的部落联盟，国王蒙特苏马一世（1440—1469 年在位）被称为蒙特苏马大帝。蒙特苏马二世在位时，疆域东抵墨西哥湾，西达太平洋，南部扩大到危地马拉，阿兹特克军事统治达到顶峰。1519 年，西班牙殖民者 H. 科尔特斯利用印第安人内部矛盾，率军进攻阿兹特克国家。1521 年 8 月占领特诺奇蒂特兰，将该城彻底毁坏，后在其废墟上建立墨西哥城。

经济生活 阿兹特克文明有发达的农业，主要作物有玉米、豆类、南瓜、马铃薯、棉花、龙舌兰等，其中龙舌兰是其特产。饲养火鸡、鸭、狗等禽畜。为解决耕地不足，在湖泊中建造独特的"水上田园"（奇南帕）。手工业相当发达，

有金、银、铜、宝石、皮革、纺织、羽毛、陶器等各种工艺品。首都特诺奇蒂特兰面积约10平方千米，人口达30万。城内街道、广场设置整齐，全城有10余千米通向湖岸的长堤，并有两条石槽从陆地引淡水入城。城内有神殿、王宫、行政官署、贵族邸宅、游戏场、学校等建筑。城北的市场是国内贸易中心，据记载可以容6万人交易货物，比西班牙的市场还大。

社会和国家组织 阿兹特克的最高首领由部落会议从特定的家族中推举，事实上是最高军事酋长。他无世袭权，并可被部落会议罢黜。阿兹特克人同与之结盟的部落结成统一的军事共同体，最高军事酋长即为联盟统帅。联盟所征服的部落须向联盟割让土地和纳贡，但可保有自己的部族神和习俗，由自己的酋长管理。特诺奇蒂特兰城分为四大区，分属四大胞族。下面共分为20个氏族，各氏族有自己的氏族神、祭司和寺庙，享有处理内部事务的权利。各氏族选出代表出席酋长会议。

阿兹特克社会已开始出现阶级分化。土地被分成王田、祭司田、

科尔特斯率军占领特诺奇蒂特兰

军田，由公社成员集体耕种，以供贵族、武士所需。伡社会组织仍以被称作"卡尔普利"的氏族为基础，实行公社土地所有制，分配给各家族耕种。

文化艺术与宗教 阿兹特克文明在发展过程中，吸收了托尔特克文化和玛雅文明的许多成就，自己也有独创。其文字仍属图画文字，但已含有象形文字成分。天文历法方面，使用太阳历与圣年历（又称仪式历），已知一年为 365 天，每逢闰年补加 1 天。医学方面，知道利用各种草药治病，并已使用土法麻醉。阿兹特克人的陶器和绘画均极精致，建筑和艺术也达到相当高的水平。首都特诺奇蒂特兰的公共建筑物多以白石砌成，十分瑰丽壮观。城中心的主庙基部长 100 米、宽 90 米，四周有雉堞围墙环绕，塔顶建有供奉主神威齐洛波特利和雨神特拉洛克的神殿，其祭坛周围有蛇头石雕，坛下发现的重达 10 吨的大石上刻有被肢解的月亮女神图案。1790 年在墨西哥城中心广场发现的"第五太阳石"直径近 3.7 米，重约 25 吨，刻有阿兹特克宗教传说中创世以来四个时代的图像，代表了阿兹特克人石雕艺术水平。

宗教在阿兹特克人生活中占有重要地位。居民相信灵魂永存，并相信存在至高无上的主宰。他们崇拜自然神，如太阳神、月神、云神、雨神、玉米神等，部落主神威齐洛波特利被视为太阳神和战争之神。国王被看成神的化身。祭神时以战俘为牺牲。其特异习俗之一是以活人为祭品，每年有数千人被用来祭祀神灵。

第五太阳石

吕宋国

菲律宾古国，前身为麻里鲁，故地在今吕宋岛马尼拉至八打雁一带。马尼拉湾入口处的海岬，岩石高峻，形如木杵，当地人称为 Losung，故名。吕宋国兴起于 14 世纪后半期，至 16 世纪被西班牙殖民者征服。吕宋盛产黄金，物产丰饶，贸易繁荣。明洪武五年（1372）至永乐八年（1410）间曾 3 次遣使访华，1405 年明永乐帝也遣使报聘。15、16 世纪，与中国东南沿海商民交往颇为密切，华侨开始留居当地。1570 年马尼拉有华侨 40 家。16 世纪，马尼拉的首领以"拉贾"为称号，其权力所及除马尼拉周围外还有内湖边上的村镇。在拉贾苏莱曼领导下，马尼拉的势力达到甲米地和八打雁，出现国家的雏形。1571 年西班牙殖民军

入侵，苏莱曼率岛民抵抗，6 月 3 日在海战中阵亡。其后马尼拉和吕宋被西班牙征服。中国明清史籍所载万历以后的"吕宋"，泛指西班牙统治下的菲律宾殖民地，已非古代的吕宋国。后来华侨所称的"大吕宋"指西班牙；"小吕宋"即指西属菲律宾，尤指马尼拉。

都铎王朝

英国从封建社会向资本主义社会过渡时期的一个重要封建专制王朝。兰开斯特家族的远亲里士满伯爵亨利·都铎于 1485 年 8 月夺取王位，建立都铎王朝，史称"亨利七世"。

15 世纪中叶，英国农村资本主义工业和农业得到迅速发展。城乡资产阶级和资产阶级化中小封建主以及各阶层农民对大贵族封建家

臣（私兵）的专横不满。亨利七世依靠新兴贵族和资产阶级力量，解散封建家臣，设立"星室法庭"，惩治不驯服的贵族，建立起强大王权。他又实施保护关税、支持本国工商业和航运业、奖励航海活动、保护对外殖民和海盗活动等有利于新兴贵族和资产阶级的政策．并开展婚姻外交等，维护了民族国家的统一。亨利七世死时留下将近200万镑财产。亨利八世凭借这笔财产干预西欧大陆的纷争，试图保持大陆的势力均衡。他自上而下推行宗教改革，使国王成为教会最高首脑，并使英国国教会脱离罗马教廷。1536年，亨利八世下令没收和出售修道院土地与财产。爱德华六世又没收所有歌祷堂的地产，在他统治期间，路德宗和加尔文宗在英国传布开来。玛丽女王继位后，天主教势力一度复辟，新教徒遭到迫害。伊丽莎白一世适应时代潮流，恢复了亨利八世的宗教改革法令。

都铎王朝封建国家机器主要由枢密院（1540年以前称"国王议事会"）、议会和地方的治安法官三部分组成。枢密院是真正的行政中枢，它可以草拟立法，控制中央的世俗法庭，任命地方治安法官。治安法官始建于1327年，到都铎王朝已拥有广泛权力。议会通常是国王的御用工具，都铎王朝统治118年，总共只召集议会33次。除边境城堡有少量长期驻防军外，王朝没有常备军。

16世纪初，英国出现集中的手工工场，呢绒商兼手工工场主J.温奇科姆雇工千余人。圈地运动和血腥立法使成千上万的农民死于非命，劳动者被迫按压低的工资出卖劳动力。地方资产阶级和新贵族得以积累巨额财富。汉萨商人特权废除后，以伦敦为中心的商人拓殖者公司独占呢布出口贸易。为了掠夺金银和寻找呢布新市场，英国商人兼海盗远航海外。1562年J.霍金斯首次进行贩卖黑奴的三角贸易。16世纪下半期不仅出现贸易股份公司，而且产生了第一批工业股份公司（如皇家矿业公司等）。

1525 年意大利巴威亚战役之后，英国与西班牙的矛盾日益尖锐。1588 年 7 月英国舰队击败西班牙无敌舰队。其后英国内部矛盾上升，许多乡绅和资产阶级的羽翼日益丰满，他们中间的清教徒在议会下院占据多数，不满伊丽莎白女王的商品专卖政策。1601 年，女王被迫许诺停止出售专卖权，以平息议会的不满。议会与王权之间出现裂痕。

都铎王朝时期，文化空前繁荣，人文主义思想流行英国。其代表人物是空想社会主义的奠基人莫尔和"英国唯物主义的真正始祖"培根。英国不朽的诗人和剧作家莎士比亚不仅"尽善尽美地把金钱的本质描写出来了"，而且也描述了封建专制主义的罪恶。

1603 年伊丽莎白女王去世，无嗣。枢密院安排女王的近亲苏格兰国王詹姆斯六世继承王位，开始斯图亚特王朝在英国的统治。

印加文明

南美安第斯地区印加帝国时期古代文明。印加，意为"太阳之子"。印加文明主要分布在南美洲厄瓜多尔、秘鲁、玻利维亚、智利北部和阿根廷西北部，文化中心位于印加帝国首都库斯科地区（今秘鲁南部库斯科盆地）。印加文明的年代为 15—16 世纪早期，以构筑讲究的巨石建筑、纵横南北的道路网络和发达的农业而著称。

历史 印加族原为居住在秘鲁南部高原的一个讲克丘亚语的小部落。据传其最早的统治者曼科·卡帕克于 1000 年（一说 1200 年）左右率部来到库斯科，后来逐步扩张，占领整个库斯科河谷。15 世纪，印加人在帕查库蒂·印加·尤潘基及其子托帕的领导下，建立奴隶制帝国，疆界北起南哥伦比亚，南至智利中部，南北长达4000千米，面积约90万平方千米。1530年，阿塔瓦尔帕击败其兄取得王位，但印加国力已大为削弱。1532年，西班牙殖民者入侵印加帝国，次年诱杀阿塔瓦尔帕，印加帝国遂告灭亡。

建筑 印加文明留下了许多著名的石构建筑。首都库斯科古城的宫殿、神庙多以巨型石块构筑，著名的太阳神庙即以火山岩石块砌成，建筑非常讲究，石缝间细密得连薄刀片都插不进去。石材采自库斯科周围山区，最重的石块重达100余吨。库斯科周围的山口多有城垒，著名的萨克赛瓦曼古堡即是其中之一。这一堡垒于1438年动工修建，历时70年完工。古堡以巨石构筑，最重的一块达200吨。依山势筑有三重城墙，城墙用巨石垒砌，特别是底层城墙为了便于防守，将城墙立面修得犬牙交错，颇富创意。印加文明的另一著名遗址是马丘比丘古城。城址修筑在高达600余米的山峰上，保存完好，城中的因蒂瓦塔纳神庙和三窗神庙，

萨克赛瓦曼古堡城墙遗迹

是现存遗迹中最能展示印加建筑艺术的代表性遗址。

交通 印加人的道路是世界上最杰出的古代工程之一。印加人无车，货物运送主要靠脚夫和骆马，整个帝国通过两条纵贯南北的道路将首都与其他地区联系在一起。沿海的一条起自北部的通贝斯，南到今智利中部的普鲁穆阿卡，长4055千米；靠近内陆的一条与前者基本平行，从北部的哥伦比亚一直通往今天的智利和阿根廷，全长5229千米。这条道路宽4.57～7.3米，从北向南，翻山越岭，沿途修有上百座木桥、石桥和藤条吊桥。道路上每隔7.24千米立一里程碑，每隔19～29千米修一驿站供行人休息。

经济生活 印加人的经济因山区和沿海地区地理环境的不同而各有偏重。在安第斯山区，农业在经济生活中占有举足轻重的地位，人们顺山坡辟出梯田，并修筑了许多复杂的灌溉工程，最长的水渠长达113千米。印加人种植的作物主要是玉米和马铃薯，农具中以装有青铜镬头的木镬最为常用。但印加人耕种主要靠人力，没有驯服的家畜。沿海地区和靠近河谷的地方，渔业经济占有较大比重。

印加人的制陶业、纺织业和金属加工业发达。印加文化的彩陶沿袭莫奇卡文化的传统而有创新，常见的陶器有双耳小口尖底瓶、敞口直筒杯、单柄小口壶等。彩陶图案以动物纹和几何纹多见。棉毛织品非常精美，织品中往往夹有金线或羽毛。印加人已具备丰富的采矿知识，青铜器制造和黄金饰品的加工都具备很高的水平，但与旧大陆文明最大的差异是印加人一直没有掌

双联陶屋

握冶铁加工技术。

天文历法 印加人具备较高的天文历法知识。他们在库斯科城的东面和西面修筑了4座圆塔，用以测定春分和冬至的日期。在库斯科城中心广场上立有1根石柱，利用日影来测定时间。印加人使用太阳年和太阴月来计算年月，每岁以冬至日为岁首，一年12个月，每月30天，以10天为一旬。印加人已注意到太阳年与太阴月之间的时间差，所以每年在12个月之外再补5天，每隔4年再加1日。库斯科城中建有高台，用于观测天象，以根据太阳位置确定农业季节。

度量衡 印加人以人体各部分的长度作为测量单位。最小的测量单位是人手的一个指距，测量土地的基本单位为160厘米，相当于古代印加人的平均身高。印加人的粮食以斗计，每斗合今27升。称重以合今3.8克为单位，墓葬中曾发现有骨、木或银制的天平。印加人没有文字，信息的记录和传递，颇似中国古代的"结绳记事"（称"基

普"），以绳子的枝分、颜色以及绳节的多少来表示不同的含意。

医学与宗教 医学达到一定水平，使用许多草药治病，已能制作木乃伊，对麻醉药物颇有研究，并掌握开颅术等外科技术。印加人主要崇拜太阳，自称为太阳的后代。月亮、土地及其他星宿也被崇拜，但地位较低。仍保持图腾崇拜和祖先崇拜的残余，各氏族公社以动物命名，视祖先为公社保护神。

社会与国家组织 印加人的基层社会组织是被称为"艾柳"的氏族公社。土地被分为太阳田、印卡田和公社田。公社成员先要耕种供祭祀和王室使用的太阳田、印卡田，最后才能耕种公社的土地。公社田分配给每个家庭耕作。在劳动组织方面，帝国设立一种称作"米塔制"的劳役制度，轮流征调壮年男子去建造公共和宗教工程。还有一种从事特殊差役的"亚纳科纳"，相当于奴隶或半奴隶。因此，有人认为印加帝国已进入早期奴隶制社会。

印加帝国实行中央集权制，都城库斯科号称"世界中心"。国王称为"萨帕印加"（独裁执政者），是政治、军事和宗教的最高首脑，被尊为太阳神在人间的化身。全国以库斯科为中心，分为4个大行政区，由印加贵族任总督，总督以下的各级官员均从世袭的特殊氏族中遴选。

莫卧儿王朝

1526—1858年统治南亚次大陆绝大部分地区的伊斯兰教封建王朝。英国殖民势力进入印度后，其版图与权势日渐衰微。

王朝的兴衰　1526年，中亚封建主蒙古－突厥族后裔巴布尔入侵印度，在第一次帕尼巴特战役中战胜洛迪苏丹，建立莫卧儿王朝。之后，巴布尔又经过1527年的坎努战役和1529年的戈格拉战役，统一了北印度。1530年，胡马雍继位（1530—1540年、1555—1556年在位），1540年为比哈尔的阿富汗酋长舍尔沙击败，莫卧儿王朝在印度的统治暂告中断。1555年，胡马雍占领德里和格拉，恢复莫卧儿王朝在印度的统治。1556年，阿克巴继位，实行进步的内政改革，采取宽容的宗教政策，巩固了莫卧儿王朝统治印度的社会、政治基础。他建立中央集权制，开疆拓土，统一次大陆广大地区，推动了印度社会经济向前发展。到贾汉吉尔（1605—1627年在位）和沙·贾汗（1628—1658年在位）时代，莫卧儿王朝国势日盛。文化艺术亦进入一个新的发展阶段，这一时期的艺术特点是民族传统与中亚及波斯艺术相结合，举世闻名的泰姬陵，可以作为其典型代表。

奥朗则布统治时期（1659—1707）王朝版图几乎囊括了整个南亚次大陆。奥朗则布强制推行政教合一的政治体制，恢复对印度教臣民的迫害政策，因而引起拉杰普特封建主、锡克教教徒及马拉提人的激烈反抗。奥朗则布死后，各省纷纷独立。17世纪初，英国殖民势力进入印度后，其版图和权势日渐衰落。1740—1761年，德里的莫卧儿皇帝先后成为入侵印度的波斯人、阿富汗人及马拉提封建王公的傀儡，莫卧儿王朝名存实亡。1764年，莫卧儿皇帝沙·拉姆二世在布克萨尔战役中投降英国东印度公司，莫卧儿王朝沦为英国殖民者的附庸，名义上存在到1858年。

中央集权制的建立

莫卧儿王朝通过阿克巴的内政改革，建立了君主专制中央集权的军事官僚政治体制，权力集于皇帝一身，由4名重要的大臣辅助：掌握军事的"米尔·巴克希"，主管宗教、司法的"萨德尔－乌斯－苏杜尔"，掌握财政、税务的"迪万"，管理工厂、仓库的"米尔·萨曼"。此外，仍保留宰相"瓦齐尔"的职位，但无实权。

全国划分为15个"苏巴"（即省，奥朗则布时扩大到21个）。省督称"苏巴达尔"或"纳瓦布"。各省的"迪万"名义上由省督管辖，实际上起中央政府监视省督的作用。"帕尔加纳"（县）是农村行政的核心，其行政首长为"阿米勒"。省与县之间设置管辖若干县

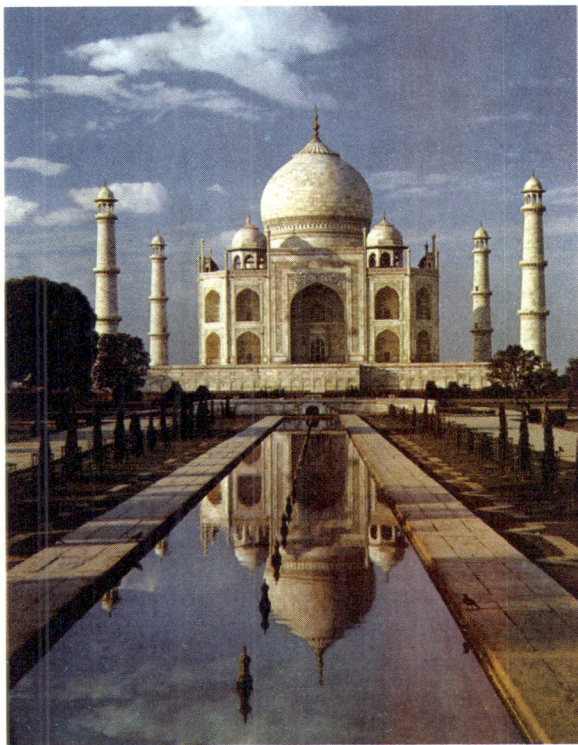

泰姬陵

的"萨尔卡尔"（专区），由执行军事、行政、司法和警备任务的长官"福吉达尔"主管，他在贾吉尔达尔征收田赋时提供军事支持。

莫卧儿王朝的行政制度实行军事化。从阿克巴开始，将所有文武官吏分为38级，按军事方式编制。军官俸禄按品级高低领有大小不等的军事封建领地贾吉尔，文官按级别从国库领取薪饷，不占有贾吉尔。

封建土地制度的发展 莫卧儿时期有3种土地占有形式，即直属国王的封建领地、非世袭领地贾吉尔和柴明达尔的世袭领地。直属国王的封建领地约占全国耕地的1/2，主要在德里和亚格拉地区，其收入主要用于维持皇室、宫廷官员和卫队。

贾吉尔制度早在德里苏丹国时期就已实施，时称"伊克塔"。16—17世纪中叶，贾吉尔成为印度土地占有的基本形式。在查罕杰统治时，贾吉尔约占全国耕地的70%，其持有者称"贾吉尔达尔"。

17世纪中叶，印度共有8210个贾吉尔达尔，分上中下三层，分布全国各地。上层68个，由王子和贵族组成；中层587个；下层7555个。他们彼此之间无隶属关系。贾吉尔达尔对其贾吉尔只有征收规定的田赋和各种杂税的权利，他们持有贾吉尔必须以服军役为条件。贾吉尔是非世袭的，甚至是非终身的。奥朗则布统治时期，贾吉尔同柴明达尔制领地渐趋一致。

社会经济的发展 莫卧儿社会仍以农业经济为主，农业中商品生产扩大，出现商品粮和棉花、生丝、靛蓝、烟草等经济作物的专业化产区，产品远销欧亚市场。

手工业十分发达，主要技术水平超过当时欧洲先进国家。手工业生产的主要形式是封建制经济的作坊和家庭手工业。大型官营作坊的优质产品主要为满足宫廷和贵族奢侈生活的需要，其次才供出口。在一些港口城市，包买商通过预付款项、提供原料并收购其产品等手段来控制小型作坊的手工业生产，但尚未出现先进的工场手工业。

商品经济的发展促进了商业和外贸的发展。16—18世纪，一些主要城市虽仍是封建统治的政治中心和贵族的消费基地，但已开始起着工商业中心的作用。德里、亚格拉、拉合尔、阿默达巴德的城市规模可与当时北京、巴黎、伦敦相匹敌。活跃的商业贸易逐步打破了各地区的闭塞隔绝状态。沿着陆路和水路商道形成许多区域性的国内市场。孟加拉和古吉拉特则是对外贸易最发达的地区。商船往来于欧亚非各地。

商品经济和货币交换的发展促使商业资本的兴起。拥有雄厚货币资本的钱商在各大城市开设钱庄、银行，经营存放款业务，发行期票和汇票。财力雄厚的班尼亚商人种姓充当皇室、贵族及官方的御用商人和财政金融经纪人。此时的商业资本尚未转化为资本主义性质的产业资本。

波旁王朝

波旁家族在法国建立的王朝（1589—1792，1814—1830）。波旁家族的支系在西班牙、那不勒斯、西西里和帕尔马也曾建立王朝。波旁家族的世系可上溯至10世纪，远祖系加洛林家族的近亲，因最初的封地为波旁拉尔尚博和波旁而得名。

14世纪时，波旁家族分为长幼两支。1527年长支绝嗣，幼支旺多姆公爵查理承袭为家族首领。查理之子安托万1555年通过联姻入主纳瓦尔王国。1589年由安托万之子、纳瓦尔国王亨利继位，称亨利四世，波旁王朝在法国的统治自此开始。1610年亨利四世去世，路易十三继位。

17世纪中期，波旁家族再度分出长幼两支：长支以路易十四为代

表，他的弟弟奥尔良公爵腓力为幼支的始祖。长支相继临朝的君主为路易十五、路易十六、路易十八和查理十世。幼支仅路易·腓力出任"法兰西人的国王"，所建统治史称"七月王朝"或"奥尔良王朝"。

从 17 世纪起，波旁王朝的君主们致力于强化中央集权：停开三级会议，钳制巴黎高等法院，削弱封建贵族的势力，平息"福隆德运动"，废除《南特敕令》，镇压"赤足汉"暴动和卡米撒起义，大规模兴办王家手工工场，推行重商主义经济政策，专制君主制臻于鼎盛。

亨利四世率领军队攻入巴黎

波旁王朝对外进行殖民扩张，获取阿尔萨斯和尼德兰南部一些地区以及阿尔图瓦、鲁西永和弗朗什孔泰等地，使法国成为欧洲头号强国。

17 和 18 世纪之交，波旁封建专制王权逐渐由盛而衰。在国外，波旁王朝进行了几场旷日持久的欧洲战争。1756—1763 年，在以英国、普鲁士、汉诺威为一方，法国、奥地利、俄国、萨克森、瑞典、西班牙为另一方的七年战争中败于英国，独霸欧洲和争雄海外的图谋受挫。在国内，随着资本主义经济的发展和启蒙思想的传播，第三等级与特权等级的阶级斗争日益不可调和，各种社会矛盾日趋激化，终于导致 1789 年法国大革命的爆发。1792 年 9 月 21 日国民公会宣布废除君主制，波旁王朝灭亡。1814 年波旁王朝复辟。1815 年 3—6 月拿破仑一世建立"百日"政权，失败后波旁王朝再度复辟，直至末代君主查理十世在 1830 年七月革命中被推翻，波旁王朝在法国的统治最终结束。

罗曼诺夫王朝

俄罗斯封建王朝（1613—1917），1613 年 1 月，在缙绅会议上，贵族、商人、僧侣和哥萨克上层的代表推举罗斯托夫总主教菲拉列特的儿子米哈伊尔·费多罗维奇·罗曼诺夫（1596—1645）为沙皇，是为罗曼诺夫王朝之始。罗曼诺夫王朝长达 300 余年，它对内维护农奴主－地主利益，1649 年颁布法典，用法律形式确定农奴制，并残酷镇压农民起义；对外实行侵略扩张政策，侵吞欧、亚各国大片土地，镇压各国人民革命，成为欧洲反动势力的主要代表。1917 年二月革命推翻了罗曼诺夫王朝。1917 年 3 月 15 日，末代沙皇尼古拉二世被迫退位。次年 7 月 17 日，他连同亲属在叶卡捷琳堡被处决。

罗曼诺夫王朝共历 17 个沙皇（或皇帝）。他们是：米哈伊尔·费多罗维奇（1613—1645 年在位）、阿列克谢·米哈伊洛维奇（1645—1676 年在位）、费多尔·阿列克谢耶维奇（1676—1682 年在位）、彼得一世（1682—1725 年在位）、叶卡捷琳娜一世（1725—1727 年在位）、彼得二世（1727—1730 年在位）、安娜·伊凡诺夫娜（1730—1740 年在位）、伊凡六世（1740—1741 年在位）、伊丽莎白·彼得罗夫娜（1741—1762 年在位）、彼得三世（1762 年 1 月至 1762 年 7 月在位）、叶卡捷琳娜二世（1762—1796 年在位）、保罗一世（1796—1801 年在位）、亚历山大一世（1801—1825 年在位）、尼古拉一世（1825—1855 年在位）、亚历山大二世（1855—1881 年在位）、亚历山大三世（1881—1894 年在位）、尼古拉二世（1894—1917 年在位）。

普鲁士

作为政治地理概念，有 3 个含义：①中世纪由波兰人和日耳曼人统治普鲁士人的领土。② 1701 年德意志霍亨索伦家族统治的王国。③ 1918 年霍亨索伦王朝覆灭后设立的邦。

普鲁士人属波罗的海民族，主要从事狩猎及畜牧业。13 世纪被条顿骑士团征服，居民改奉基督教。1410 年骑士团国家被波兰 – 立陶宛联军击败，在 1466 年的第二次托伦和约中把西部土地连同但泽和玛丽亚堡割让给波兰，东部仍属骑士团，但臣服于波兰。1525 年 4 月，条顿骑士团末代首领、霍亨索伦家族的阿尔布雷希特宣布将骑士团国家改为世俗的普鲁士公国，自立为公爵。1618 年，该公国因无男嗣被转让给霍亨索伦 – 勃兰登堡选

侯。1660 年勃兰登堡选侯通过《奥利瓦和约》，取得对普鲁士公国的主权，建立起勃兰登堡 – 普鲁士的专制政体的统治。1701 年 1 月 13 日，普鲁士公国成为王国，勃兰登堡选侯腓特烈三世加冕为普鲁士国王，称腓特烈一世，普鲁士的发展进入新的时期。历任国王通过各种手段扩展自己的疆土。1720 年，腓特烈·威廉一世（1713—1740 年在位）从瑞典"购得"福尔波门，连同施泰丁（今什切青）、乌塞多姆、伏林等城。腓特烈二世在位时期，从奥地利手中夺取西里西亚及东弗里斯兰。1772 年，在第一次瓜分波兰中获得西普鲁士和内策行政区。18 世纪普鲁士已成为欧洲军事强国和德意志资产阶级启蒙运动的中心。在这一发展过程中，普鲁士国家的官僚组织、军事组织及普鲁士容克的政治统治均获得巩固。王室通过庞大的常备军和税收建立起中央集权的专制制度，成为具有军国主义传统的容克阶级国家。

法国大革命时期，腓特烈·威廉二世（1786—1797 年在位）继其叔父腓特烈二世当政。1792 年参加反法战争失利，把莱茵河左岸的土地割给法国，自己则从第二、第三次瓜分波兰中掠得但泽、托伦、南普鲁士和新东普鲁士。1797 年其子腓特烈·威廉三世（1797—1840 年在位）继承王位。1803 年普鲁士得到希尔德斯海姆和帕德博恩教区、明斯特教区的一部分地方、车尔美因茨的艾希斯费尔德、爱尔福特及米尔豪森、诺德豪森等地。1806 年占领汉诺威后，成为统治北德意志的大国。但在 1806 年的耶拿战役中遭到惨败，丧失领土的一半，被迫进行资产阶级改革。1815 年维也纳会议后，普鲁士恢复军事强国地位，收回了失去的绝大部分领土，1822 年已拥有 8 个省，普鲁士疆域自东欧延伸至德意志中部和西部，占有最重要的工业区和经济最发达的地区，为其统一德意志奠定了经济基础。

1815 年后的普鲁士，一方面政治上出现反动的封建复辟；另一方面资本主义经济迅速发展，开始工业革命，经过改革，农业也逐渐过渡到资本主义地产制。普鲁士成为德意志资本主义经济最发达的邦。1840 年后，普鲁士的资产阶级形成反封建的反对派，开展要求"统一与自由"的民族运动；无产阶级开始登上政治舞台，1844 年爆发西里西亚纺织工人起义。普鲁士成为德意志革命的中心。在德国 1848 年革命中，资产阶级本来有可能通过革命道路解决德意志的统一问题，但由于资产阶级的软弱和妥协，革命最终失败。德意志的统一在普鲁士容克政治家俾斯麦领导下，通过王朝战争最后完成。1870—1871 年的普法战争确立了普鲁士在德意志帝国内的领导地位。1871 年成立的德意志帝国实际是普鲁士的扩大。普鲁士邦占有帝国领土的 2/3、人口的 3/5，在帝国中起决定性作用。

第一次世界大战中德国战败，帝国解体，普鲁士成为魏玛共和国

的一个邦。希特勒攫取政权后，废除普鲁士邦宪法，解散其立法机关邦议会，普鲁士实际上已经不再是一个邦。第二次世界大战后，东普鲁士北部并入苏联，东部地区划归波兰，剩余部分为苏、英、法三国占领区分割。1947 年 3 月 1 日，盟军管制委员会下令废除普鲁士建制。

汉诺威王朝

1714 年开始统治英国的日耳曼血统王朝，1917 年改称为"温莎王朝"。1638 年，不伦瑞克 – 卡伦堡 – 格丁根公国在德意志成立，首府为汉诺威，后改名为汉诺威公国。1692 年，被定为选侯国，其公爵恩斯特·奥古斯特（1629—1698）娶巴拉丁选侯腓特烈之女、英王詹姆斯一世外孙女索菲娅为妻。他们的儿子乔治·路易与吕讷堡公爵的独生女结婚。1705 年两公国合并称不伦瑞克 – 吕讷堡公国，汉诺威王朝的正式名称应为"不伦瑞克 – 吕讷堡王朝"。

1694 年英国玛丽女王去世，在位者为其夫威廉三世，规定的继承顺序为安妮（玛丽胞妹）—安妮后嗣（均亡）—威廉三世后嗣（无）—索菲娅（詹姆斯一世外孙女）。实际上安排索菲娅继承安妮，索菲娅全家信奉新教。根据 1701 年的《嗣位法》，天主教徒不能继承王位。詹姆斯二世和查理一世之女的后代都被排除。1702 年安妮即位。1714 年索菲娅早于安妮去世，于是王位有待其子乔治·路易继承。待安妮死，乔治·路易到英国即位称乔治一世，从而开始英国的汉诺威王朝。

王朝的前 5 个国王乔治一世、二世、三世、四世和威廉四世都兼领德意志的汉诺威公国。1837 年威廉四世死后无子，而按汉诺威的继承法女子无权继承王位（1815 年维也纳会议承认汉诺威为王国），因此，由其弟恩斯特·奥古斯特

（1771—1851）继承汉诺威王国王位，而英王位则由其侄女维多利亚继承。

维多利亚与来自德国萨克塞－科堡及哥达诸侯国的艾伯特结婚，因此当他们的儿子艾伯特·爱德华在1901年继位（称爱德华七世）时，有人称汉诺威王朝为萨克塞－科堡及哥达王朝。

1910年乔治五世即位。1917年6月，他为了表示与臣民共同反对德国的决心，宣布凡有英国国籍而带德国贵族封号者一律改封为英国贵族；7月进而宣布放弃自己及家族的一切德国尊号，明文规定王室改姓温莎，故此后改称为"温莎王朝"。

奥地利帝国

由哈布斯堡家族统治的奥地利封建帝国（1804—1867）。鉴于神圣罗马帝国已名存实亡，神圣罗马帝国皇帝弗兰茨二世（1792—1806年在位）于1804年宣布自己为奥地利皇帝，改称弗兰茨一世（1792—1835年在位），统治范围包括奥地利、匈牙利、上西里西亚、波希米亚等地。

1789年，法国大革命爆发，哈布斯堡王朝同法国关系恶化，先后三次参加反法联盟，均为拿破仑·波拿巴击败，失去本土西部、意大利北部、西加里西亚和南斯拉夫等领地，神圣罗马帝国彻底瓦解。奥地利皇帝弗兰茨一世于1806年放弃神圣罗马皇帝称号。1809年任命K.W.N.L.von梅特涅为首相，奥地利的反法政策改为策略性与法合作。1810年弗兰茨一世将女儿玛丽亚·路易丝嫁给拿破仑一世，以巩固奥地利的地位。1812年拿破仑一世侵俄失败，奥地利又转而与法作战，莱比锡会战以后，于1814年3月攻入巴黎。在同年召开的维也纳会议上，梅特涅施展外交手腕，使奥地利收复所失领地，后组成以奥地利为首的德意志联邦，奥地利的大国地位得到恢复。1815年，奥地利发起成立神圣同盟，成为复辟势力的代表，并联合欧洲各君主国，镇压各国革命，维护专制制度，充当欧洲宪兵。

以普鲁士为首的德意志关税同盟成立后，各小邦纷纷参加，梅特涅的权势一蹶不振。欧洲1848年革命爆发后，3月13日维也纳群众在学生领导下爆发起义，梅特涅被迫辞职。在维也纳革命影响下，匈牙利和捷克先后发生革命，斯拉夫人问题日益尖锐化，全国各地革命一触即发，皇帝斐迪南一世被迫逊位，其侄弗兰茨·约瑟夫一世即位。此后政治倒退，帝国的专制统治变本加厉。1849年起，奥地利与普鲁士为争夺德意志霸权展开尖锐斗争，奥地利在德意志联邦中的盟主地位暂时得到稳定。1864年，奥、普联合对丹麦作战，奥地利获得荷尔斯泰因。1866年普奥战争爆发，奥军被击败，被迫放弃荷尔斯泰因，并同意解散德意志联邦。

此后，德意志走上以普鲁士为首的自上而下的统一道路，奥地利被排除在外。奥地利统治者被迫转向巴尔干等地发展，对国内日益尖锐的民族矛盾采取让步政策。1867年2月，匈牙利获得自治。同年6月正式成立奥匈帝国，奥地利帝国不复存在。

华沙公国

法兰西第一帝国的属国，根据1807年7月7日法皇拿破仑一世和俄皇亚历山大一世签订的《提尔西特和约》建立的国家。由普鲁士在1793年、1795年两次瓜分波兰时得到的领土（不包括格但斯克和比亚韦斯托克地区）组成，面积10.4万平方千米，人口260万。1809年法、奥战争后，奥地利在第三次瓜分波兰时得到的领土也并入华沙公国，面积扩大到 15.04 万平方千米，人口增加到 430 万。华沙公国实行《拿破仑法典》，废除农民的人身依附关系，宣布法律面前人人平等。君主是萨克森的国王奥古斯都二世。公国的议员和政府官员均是波兰人，波兰语为官方语言。1813 年，拿破仑一世进攻俄国失败后，华沙公国被俄军占领。根据 1815 年维也纳会议决议，华沙公国被一分为四：公国的大部分组成波兰王国，并入俄国；在波兹南地区成立波兹南公国，并入普鲁士；原奥属波兰重归奥地利；克拉科夫及其毗邻地区组成克拉科夫共和国，由俄、普、奥三国共同管理，1846 年后并入奥地利。

波兰王国

根据 1815 年维也纳会议在波兰境内建立的俄国附属国，又称"会议王国"。由俄国沙皇任国王，面积 12.85 万平方千米，人口 230 万。1815 年 11 月 27 日，沙皇亚历山大一世签署波兰王国宪法，王国成为享有自治权的君主立宪制国家，有自己的议会、政府、法院和军队。国王有召集、解散议会和任命高级官员的权力。平时总督行使王权。王国初期，经济和文化教育有很大发展。1816 年，创建华沙大学。但不久，亚历山大取消出版、言论自由。尼古拉一世继位后，实行政治高压和迫害，激起波兰人民反抗，爆发波兰 1830 年起义。沙皇政府镇压了起义，废除宪法，取消自治。在波兰 1863 年起义后，沙俄将波兰王国改为俄国的一个省，进一步加强殖民统治，强制推行俄罗斯化政策。第一次世界大战期间，王国被德、奥军队占领。俄国十月社会主义革命胜利后，1918 年 8 月苏俄废除瓜分波兰的各项条约。波兰恢复独立，11 月建立共和国。

法兰西第一帝国

法国拿破仑一世统治时期的君主专制国家。1804年11月6日，公民投票通过《共和十二年宪法》，宣布拿破仑·波拿巴为法兰西人皇帝，法国为法兰西帝国。历史上称之为"法兰西第一帝国"。

在执政府（1799—1804）的基础上，拿破仑一世进一步加强中央政府和他个人的权力，建立新的贵族等级，封亲王4个，公爵30个，伯爵388个，男爵1090个，荣誉军团骑士数千名。1811年法兰西帝国面积达75万平方千米，人口约4400万，全国划分为130个郡，包括荷兰9个郡，北海沿岸德意志各邦9个郡，东南瓦莱、皮埃蒙特、热那亚、帕尔马、托斯卡纳和教皇属地10个郡。此外，拿破仑一世及其家族还统治和控制了意大

利王国、莱茵邦联、威斯特伐利亚王国、那不勒斯王国、西班牙王国、华沙大公国等。在帝国范围内拿破仑一世力图统一关税，统一法制，扩大交通、通信。帝国的无限制扩张导致1812年侵俄战争的惨败。英、俄、普、奥等国组成第6次反法联盟，1814年3月30日攻入巴黎。4月6日拿破仑一世被迫退位，后被流放到厄尔巴岛。波旁王朝复辟。1815年3月20日，拿破仑一世从厄尔巴岛返回巴黎复位，史称"百日王朝"。6月18日，拿破仑一世在滑铁卢被第7次反法联军击溃。6月22日再次退位，被流放到圣赫勒拿岛，第一帝国覆灭。

七月王朝

1830—1848年间的法国君主立宪制王朝，又称"奥尔良王朝"。

1830 年七月革命推翻了波旁复辟王朝，宣布奥尔良公爵路易-菲利浦为国王，金融资产者掌握政权。1830 年 8 月颁布经过修改的宪法。新宪法限制国王权力，扩大了众议院权力，将选民的财产资格由缴纳直接税 300 法郎降至 200 法郎，选民人数约 20 万，被选举人的财产资格由 1000 法郎降至 500 法郎，对国民自卫军实行改组。

路易-菲利浦对外避免和俄国、奥地利、普鲁士、英国发生直接冲突，不敢违背《维也纳和约》和修改法国疆界。但继续实行波旁复辟王朝的殖民侵略政策，入侵阿尔及利亚，1847 年巩固了在阿尔及利亚的统治。

七月王朝时期，法国工商业得到较大发展。1830 年工商业投资额为 300 亿法郎，到 1848 年达 450 亿法郎。开始广泛使用机器，工业革命的速度加快。1830 年拥有蒸汽机 625 台，1848 年增至 5210 台。1842 年，政府颁布铁路建筑法，铁路建设获得迅速发展。

七月王朝的政策遭到各方面的反对，正统派的贝里公爵夫人企图在普罗旺斯和旺代起事反对路易-菲利浦，但未得逞。查理-路易-拿破仑·波拿巴于 1836 年在斯特拉斯堡、1840 年在布洛涅两次企图暴动反对七月王朝，均告失败。被排挤在政府之外的工商业资产者也要求参政。1831 年 9 月、1832 年 6 月和 1834 年 4 月，巴黎共和派筑起街垒，反对七月王朝的统治。内政部长 A. 梯也尔派军队镇压，在特朗斯诺南街发生了闻名的屠杀事件。

七月王朝时期，法国工人的力量加强，他们提出了经济和政治要求。1831 年 11 月和 1834 年 4 月里昂工人自发举行起义。起义者高呼："做工不能生活，毋宁战斗而死！"里昂起义是法国历史上最早的工人起义。

自 1840 年起组成苏尔特-基佐内阁，F.-P.-G. 基佐掌握实权，坚决反对改革，但是国内要求改革的呼声越来越高。1845 年和 1846

年法国农业连续歉收，1847年发生工商业危机，革命形势逐渐形成。1847年在巴黎举行的宴会演讲、示威等活动都要求改革。1848年2月22日工人们在巴黎街头开始筑起街垒。23日基佐被免职。24日晨，起义群众进攻土伊勒里宫，路易－菲利浦被迫将王位让与其孙巴黎伯爵后，逃往国外。革命临时政府于25日晨宣告，法兰西第二共和国成立，七月王朝告终。

法兰西第二共和国

1848年法国二月革命建立的资产阶级共和国，1792—1804年法国曾建立共和国，史称"第一共和国"，故称1848年建立的共和国为"第二共和国"。

1848年的二月革命推翻七月王朝，成立临时政府。2月25日共和国宣布成立。4月23日选举制宪议会，这是法国历史上第一个由男性公民直接普选产生的议会，温和共和派占多数。5月9日成立执行委员会，代替临时政府。6月22日执行委员会下令解散国家工场，引起工人不满。23日工人起义。24日 L.E.卡芬雅克将军被授予独裁权，残酷镇压起义。卡芬雅克于28日担任共和国的行政首脑。

11月，制宪议会制定共和国宪法，确立立法和行政分立原则。由750名议员组成立法议会，任期3年。总统任期4年，掌管行政权，任免部长与颁布法律，支配武装力量，但不亲自指挥部队，也无权解散或延长议会。议会和总统皆由男性公民直接普选产生。参政院由议会任命，它预先审定政府的法案，并监督行政机构。12月10日，路易·拿破仑·波拿巴当选总统。1849年5月13日选举立法议会，以保王派和天主教教士为核心的秩序党获多数席位。宪法规定总统不能直接连任，波拿巴要求修改宪法，立法议会多数反对。波拿巴于1851年12月2日发动政变，解散议会，建立专政体制。1852年12月2日宣布恢复帝国，波拿巴为法兰西人皇帝，称拿破仑三世。第二共和国告终。

法兰西第二帝国

拿破仑三世建立的帝国，史称"第二帝国"，以别于拿破仑一世建立的法兰西帝国（1804—1814）。

法兰西第二共和国总统路易·拿破仑·波拿巴于1851年12月2日发动政变。翌年1月14日颁布宪法，加强总统权力，削弱议会的立法权。1852年11月7日，元老院颁布法令建议恢复帝制。随即举行公民投票，绝大多数表示赞成。12月2日宣布恢复帝国，波拿巴为法兰西人皇帝，称"拿破仑三世"。

根据多次补充的帝国宪法，皇帝是国家元首，统率军队，有宣战、媾和、结盟、订立商约和特赦、任命政府与地方官员、批准公共建设工程、决定是否将法案送交立法团讨论等权力。帝国立法体制分成3部分：由皇帝任命、约50人组成的参政院负责维护宪法与保证皇帝统治，准备法案和审查法令修正案；由选举产生的200多名议员组成的立法团仅有权讨论和表决法案，凡年满21岁并在某地居住超过半年的法国男子皆有选举权，立法团的主席和副主席由皇帝任命；元老院批准立法团通过的法令，它由皇帝任命，由约100名亲王、元帅、主教组成。大臣们执行皇帝命令，各自对皇帝负责。参政院对省长实行监督。地方政权掌握在省长手中，他们领导全省警察，控制社会舆论。帝国时期重要官员有内政大臣 C.-A.-L.-J.de 莫尔尼、财政大臣 A.-M. 富尔德、军事大臣

A.J.L.de 圣阿尔诺，后期有 E. 鲁埃和 É. 奥利维埃。

第二帝国经历了由专制统治向自由主义、议会政治演变的过程。帝国初期，拿破仑三世实行个人专权，致力于巩固资产阶级秩序。政府在一些省内实行戒严，封闭共和派俱乐部，解散工人组织，查禁进步报刊，利用天主教会加强控制学校。1852 年后，法国工人运动一直处于低潮。60 年代，人民不满情绪日益增长，反动专制制度难于继续维持。因此帝国后期开始实行改革，逐渐向自由主义政策演变，以求缓和国内矛盾。例如议员可得到请愿权，官方"公报"公布议会辩论记录，皇帝经立法团同意方可批准追加拨款，废除禁止工人罢工和结社的《勒霞白列法》等。1870 年初，奥利维埃奉命组织自由主义内阁。4 月，元老院受到削弱，变为普通上院，议会权力有所扩大。

经济方面，帝国实行促进资本主义工商业发展的经济政策，发展大工业，重工业中机器生产普遍代替手工劳动，生产不断集中，交通运输业迅速发展，完成了工业革命。金融资本的发展尤为突出，巴黎成为世界金融中心之一。在 G.-E. 奥斯曼领导下，巴黎进行了大规模的城市建设。

为了改变 1815 年以来法国的孤立状态，争夺欧洲大陆优势和进行海外殖民扩张，拿破仑三世进行多次对外战争。法国在 1853—1856 年的克里木战争中联合英国、土耳其与撒丁反对俄国，击败俄国后确立了在欧洲大陆的优势。后又联合意大利反对奥地利，得到萨瓦和尼斯。1860 年签订《法英商约》，实行自由贸易。50—60 年代第二帝国还派遣军队侵略中国、叙利亚、墨西哥、印度和非洲，掠夺大量财富，建立了若干殖民地。

克里木战争后至 60 年代初是第二帝国发展的顶点。但是，劳动人民深受剥削压迫，工人运动重新高涨，共和派加强斗争。第二帝国支持罗马教皇阻挠意大利统一、武装干涉墨西哥以及在普奥战争中支持奥地利等一系列失策，使法国陷入困境。为了摆脱国内危机和重夺欧陆优势，1870 年 7 月 19 日，法国以西班牙王位继承问题为借口对普鲁士宣战。法军战败，9 月 2 日拿破仑三世在色当投降。4 日巴黎发生革命，宣布推翻帝国，成立共和国。

法兰西第三共和国

1870 年 9 月 4 日巴黎革命推翻第二帝国，宣布建立共和国，史称"第三共和国"。新政权开始时，由资产阶级共和派与保王派联合组成国防政府，1871 年 1 月 28 日国防政府与德意志帝国签订停战协定。2 月选出由保王党人占绝大多数的国民议会，A. 梯也尔被选为政府首脑，后任总统。他与德国正式签订了《法兰克福条约》，并联合德国镇压了巴黎公社起义。

梯也尔力图建立保守共和国，但遭保王派与共和派的反对。1873 年 5 月，梯也尔被迫辞职，极端保王派 M.-E.-P.-M.de 麦克－马洪当选总统，右翼势力进一步加强。正统派与奥尔良派加紧勾结，图谋恢复王朝体制。以 L. 甘必大为首的共和派为确立共和制进行了长期而激烈的斗争。国民议会终于通过 1875 年宪法，以法律形式肯定共和制。在 1876 年众议院选举和 1879 年 1 月的参议院选举中，共和派取得稳定多数。在人民群众支持下，甘必大迫使麦克－马洪辞职，共和派 F.-P.-J. 格雷维当选总统，共和派取得胜利，确立共和国。

共和派分为温和与激进两派，从格雷维当选总统到 19 世纪末，为温和派执政时期。他们进行一系列改革：实行世俗的义务免费教育，宣布新闻自由与组织工会自由，以及大赦巴黎公社人员等。在此时期，法国的工人运动和社会主

义运动得到了恢复和发展。

普法战争后，法国的经济发展相对缓慢，工业产量居世界第四位，但金融资本的增长迅速。80年代法国继续对外进行殖民扩张，在非洲、印度等地发动侵略战争，掠夺土地和资源。到1899年，法国已成为仅次于英国的第二大殖民帝国。80—90年代，法国相继出现布朗热事件、巴拿马丑闻和德雷福斯案件，温和派威信扫地，被迫下野。

1899—1914年为激进派执政时期，法国资本主义已进入帝国主义阶段，垄断组织迅速发展，金融资本高度集中。1914年前，法国资本输出仅次于英国，占世界第二位。其资本输出主要采取高利贷形式，列宁称之为高利贷帝国主义。

激进派反对教会干预政治，1905年通过《政教分离法》。随着工人运动的高涨，1905年建立了工人国际法国支部，即统一社会党。激进派多次镇压工人运动。对外继续进行侵略扩张，准备战争，先后

与俄国、英国结盟，成立法、英、俄协约国，以对抗德、意、奥三国同盟。1913年R.普恩加莱当选总统后，继续扩军备战，企图重新瓜分世界。1914年8月3日，德国向法国宣战，法国参加了第一次世界大战。

大战开始后，法国成为西线的主要战场。战争导致法国社会矛盾激化，1917年4月前线发生士兵拒战斗争。11月，激进派G.克列蒙梭再度执政，镇压反战运动，动员一切力量继续进行战争。1918年9月，F.福煦率领盟军对德国发起总攻击。11月11日，双方在贡比涅附近的雷东车站签署停战协定。1919年1—6月，召开巴黎和会，签订《凡尔赛和约》。

战后，克列蒙梭政府和"国民联盟"右派内阁的反动政策引起广大人民的愤慨和反抗。1919年4月，法国水兵在黑海起义。1920年5月，全国铁路员工大罢工。

20年代中期由社会党等组成"左翼联盟"内阁，执行民主主义

的改良政策。后来，普恩加莱又重组"国民联盟"内阁，整顿财政，稳定法郎币值，使经济得到较快发展，政局亦渐趋稳定。但法国于1930年年底陷入严重的经济危机，法西斯势力趁机抬头。1934年2月6日，右翼分子和法西斯组织"火十字团"利用"斯塔维斯基事件"在巴黎发动骚乱，包围波旁宫，企图推翻议会。1935年7月由共产党、社会党、激进社会党等党派团体组成人民阵线。1936年6月，L.布鲁姆组成第一届人民阵线政府，签订了《马蒂尼翁协定》，实施一系列社会改革。1937年2月，布鲁姆宣布"暂停"实施人民阵线纲领。1938年，由于激进社会党退出，人民阵线瓦解。此后，É.达拉第政府对内执行反动政策，对外依靠英国，推行纵容德国侵略的绥靖政策，签订了《慕尼黑协定》。

1939年9月1日，德军侵犯波兰。3日，法国向德国宣战，实际是宣而不战，史称"奇怪战争"。1940年5月10日，德军在西线全面进攻，突破色当防线，法军节节败退，不久巴黎陷落。6月22日签订停战协定，法国投降，成立维希政府，第三共和国宣告终结。

奥匈帝国

奥地利 – 匈牙利君主国的简称。它是在奥地利帝国基础上通过奥匈协约建立的二元制国家（1867—1918），是哈布斯堡家族统治下的最后一个封建君主国。

1866年的普奥战争，以奥地利失败而告终。根据俾斯麦的"小德意志方案"，德意志走上以普鲁士为首的自上而下的统一道路，奥地利被排除在外。奥地利被迫转向巴尔干、地中海地区寻求发展，而对国内的民族矛盾采取让步政策。1867年匈牙利获得自治。6月，帝国议会决定正式建立奥匈帝国。奥地利皇帝为帝国元首，兼有匈牙利国王称号。帝国以莱塔河为界分奥、匈两部分，同为主权国家，有各自的议会和政府，外交、军事、财政共有。国家支出按比例分摊，订有货币、关税盟约以保证两国经济上的协调或统一。两国共同事务由两国议会代表团定期开会商定。奥匈帝国无统一宪法，奥地利部分仍使用1867年颁布的根本法。帝国君主与帝国议会共享立法权。

奥匈帝国幅员辽阔，版图在欧洲仅次于俄国。地居水陆交通要冲，经济自成体系。立国后，工农业、科学文化均有长足发展，是欧洲主要强国之一。但二元体制并未解决境内民族矛盾。20世纪初，民族斗争激烈展开，捷克人、意大利人、波兰人和南部斯拉夫人争取民族自治的斗争持续高涨。日耳曼人和匈牙利人的统治阶级之间也发生冲突，奥皇曾一度解散匈牙利议会。工人运动也迅猛发展，1905年维也纳工人举行大罢工，要求普选

权，并与军队发生武装冲突。1907年，奥地利实行成年男子普选。

在外交方面，奥匈帝国初期与法国接近，试图遏制普鲁士在欧洲势力的增长。普法战争后，开始逐渐转变为同德意志帝国合作，并同意大利和俄国接触。1881年奥地利在巴尔干扩张得手，与塞尔维亚订立同盟条约，将其置于自己控制之下。1882年5月与德、意结成三国同盟。1908年又正式合并波斯尼亚—黑塞哥维那，引发1912—1913年的巴尔干战争。战后，塞尔维亚日益强大，构成对奥的威胁。1914年6月，奥皇储斐迪南在波斯尼亚指挥炫耀武力的军事演习，以塞尔维亚和门的内哥罗为假想敌，激化了塞尔维亚人的民族情绪，28日在波斯尼亚首府萨拉热窝被塞尔维亚爱国分子炸死。这一事件最终引发了第一次世界大战。

1918年，德奥集团战败，奥匈帝国内部工人运动和民族解放运动高涨，维也纳和布达佩斯等地同时爆发革命。11月1日，皇帝查

理一世（1916—1918 年在位）被迫退位，奥匈帝国解体。根据《圣日耳曼和约》和《特里亚农和约》，在战后的帝国领土上建立起奥地利、匈牙利、捷克斯洛伐克 3 个国家，部分领土分别归还波兰、南斯拉夫、罗马尼亚和意大利。1918 年 11 月 12 日，奥地利成为共和国，哈布斯堡王朝统治从此完结。

西班牙第一共和国

存在于 1873 年 2 月至 1874 年 12 月的西班牙联邦制共和国。1833 年西班牙国王斐迪南七世去世后，王室发生内战。女王伊莎贝拉二世（1833—1868 年在位）企图恢复专制统治，排斥资产阶级参政。1868 年 9 月加的斯港海军起义，不久起义浪潮席卷全国，女王被迫逃离西班牙。右翼自由党人组成临时政府，意大利萨伏依王朝的阿马戴奥被推举为西王。但人民继续推进革命。1873 年 2 月阿马戴奥被迫退位，王宫议会宣布西班牙为共和国，史称"第一共和国"，后制宪议会制定共和宪法基本原则，草案规定建立联邦制共和国。1874 年 1 月，反动将领发动政变，建立军事独裁。同年 12 月，伊莎贝拉之子阿方索十二世（1874—1885 年在位）被立为国王，第一共和国时期结束。